I0830364

prometeo
l i b r o s

prometeo
libros

POSJUDAÍSMO

# Judaísmo a tu manera

Quienes hacemos YOK

*Diego Freedman*
*Ianina Grimblat*

*Marcelo Frydman*
*Javier Grosman*
*Luciana Grosman*
*Damián Karo*
*Gerardo Mazur*
*Claudia Schilman*
*Darío Sztajnszrajber*
*Susana Taszma*
*Alejandro Wasserman*
*Julián Zolotow*

# Darío Sztajnszrajber
## (compilador)

# Posjudaísmo

## Debates sobre lo judío en el siglo XXI

# Índice

*El equipo YoK dedica este libro a Silvia Bleichmar; por que nos sentimos honrados de haber tenido su apoyo. Su presencia era inspiradora e iluminaba nuestra reflexión. Constituyó un referente único para quienes vivimos un judaísmo pluralista.*

*En su memoria*

# Introducción
Por Darío Sztajnszrajber

# Hacia un judaísmo sin dogmas

El presente libro es el resultado de la selección de algunas de las mesas que conformaron el ciclo de debates "Posjudaísmo", organizado por YOK, durante los años 2005 y 2006.

El ciclo fue pensado desde la emergencia de repensar la identidad judía en términos no tradicionales; y de alguna manera, su nombre, remite a la posibilidad de deconstruir muchos de los dogmas en que los debates sobre identidad judía se encuentran, a nuestro entender, hoy en día, aprisionados. Más allá de las polémicas que el prefijo "post" puede suscitar, tanto en el ámbito de las humanidades como de las ciencias sociales, su uso en conexión con el término "judaísmo", posee la característica de intentar replantear reflexiones sobre lo judío que puedan escapar a lo instituido. En todo caso, la existencia misma de debates imposibles, marca la necesidad imperiosa de cuestionar la esencia de esta misma imposibilidad. Es un hecho muy propio de la reflexión sobre lo judío en la Argentina, la autoimposición de ciertas limitaciones al pensamiento crítico, que creemos que, a la luz de las grandes transformaciones culturales de los últimos años, ya carecen de sentido. No se trata de hallar responsables, ni de generar juicios de valor taxativos. A lo dogmático no se lo desarma con más dogmatismo. Se trata, simplemente, de intentar desanudar aquellos nódulos restrictivos, con el fin de poder avanzar hacia un judaísmo abierto, plural y no excluyente.

Cuando hablamos de "deconstrucción", lo hacemos concientes de que el mundo judeo argentino hoy, se halla demasiado "construido", con un rigor que buscando la firmeza, produce a la larga y por el contrario, una mayor inestabilidad identitaria. Nos interesa entender las razones que llevaron a este tipo concreto de construcción, los motivos por los cuales, pareciera que en la Argentina, lo judío debe asociarse a prácticas endógenas, produciendo en los hechos un encerramiento cultural y en lo teórico un *"enguetamiento"* conceptual. No sostenemos que lo abierto sea más "verdadero" que lo cerrado; solamente sostenemos nuestra afinidad por la apertura, amparándonos en el rechazo que nos causa la ecuación: cerradez, exclusión, discriminación. El "post", en su sentido de rememorar lo concluido, como si fuera la huella de una enfermedad (Vattimo) o la presencia fantasmagórica de lo ya ausente, pretende manifestar una resignificación de lo judío que desarticula la opción por la rigidez, cuestionadora si se quiere, de la misma idea judía de hermenéutica infinita. "Rememorar lo concluido" es seguir hablando del mismo judaísmo de siempre, pero descargándolo de sus dogmas fundamentales; logrando de este modo expandir la experiencia judía hacia zonas inéditas.

Ricardo Forster nos recuerda que con la destrucción del Segundo Templo y su no reconstrucción, se disuelve en el judaísmo un principio de autoridad indiscutible. Pero pareciera que la apertura hermenéutica que se da en los textos, no se refleja en la constitución misma de la vida comunitaria. Y no pretende ser esto una crítica institucional, sino, por el contrario, la constatación de una emergencia. Hay datos y estadísticas que dan cuenta del hiato existente entre la asunción de identidad judía y la ausencia de una representatividad que refleje la nueva sensibilidad de gran parte de los judíos argentinos. Por eso, el "post" es una forma de reclamar por un judaísmo que se anime a pensarse a si mismo, más allá de lo canónico. Es un modo de plantear un debate necesario, una vez que el judaísmo dogmático deviene finalizado. Un devenir obvio en épocas en las que se desnuda, cómo detrás de la imposición de verdades, se esconden intereses y sometimientos.

La crisis del paradigma de la verdad afecta a todas las disciplinas; y en general las reacciones tienden, o bien a un replanteo de plano, o bien al afianzamiento de todo pilar como principio indiscutible. Es época de fundamentalismos, pero también de "fundamentismos", por llamar de alguna manera a la necesidad de centrar la realidad a partir de un fundamento fuerte. Pero es también época de descentramiento, de eclecticismo, de pastiche; tiempo de diversidad en pos de una política de la amistad que nos permita un encuentro permanente e incesante con lo otro. Aquello que parece una pérdida, puede ser releído como una ganancia. El diálogo supone movimiento, quebrantamiento de los lugares seguros, desacomodamiento. El diálogo supone cierta concesión a un otro que también me concede, nos autoconcedemos, movilizados por el deseo mutuo de apertura. Apostar o no por una identidad en incesante búsqueda, es una decisión ética. Apostar a lo otro es apostar a dudar de uno mismo.

## La incertidumbre de lo judío

Nietzsche decía que todo el conocimiento no es más que un antídoto contra el miedo a la muerte, un instinto de supervivencia. Buscamos respuestas, fundamentos, buscamos el sentido último de las cosas como un modo de aliviarnos, de atemperar nuestros temores más profundos, que en última instancia se pueden resumir en uno: el miedo a dejar de ser. Somos buscadores de certezas y huimos de las contradicciones. Buscamos todo el tiempo "encontrarnos" y escapamos permanentemente de la "perdición". En la muerte nos perdemos, en las falencias nos perdemos, pero sobre todo, nos perdemos en las incertidumbres.

Los contrastes, las tensiones, las contradicciones, las incertidumbres, son "problemas" a resolver. Perdernos en ellos lo consideramos una tarea inútil. Nos resulta más productivo tener la cocina limpia o pagar la tarjeta a fin de mes, que abandonarnos angustiados frente a la inmensidad del océano o ante el pensamiento que se regodea en pensar por qué hay colores, o por qué las cosas tienen forma, o por qué el fuego. Es que la cocina y la tarjeta garantizan "funcionamiento", y la utilidad ordena la existencia, la hace segura. Los contrastes, en cambio, nos pierden. Ordenar la cotidianeidad es algo útil, pensar la nada, en cambio, es algo sin sentido. Aquello que seguro nunca nos detenemos a pensar es por el principio mismo de lo útil ¿Por qué solo "sirven" las cosas que "sirven"?

¿A quién sirven? ¿Quién es el "sirviente"? ¿A quién servimos?

Recuerda Tomás Abraham en este libro que el Almirante Massera decía que tres judíos problematizaron nuestro mundo: Marx, Freud y Einstein. Los tres universalizaron la incertidumbre, nos hicieron inciertos, pero por sobre todas las cosas, nos propusieron la desconfianza. La realidad puede ser pensada de otro modo, o para peor, nuestras certezas más intrincadas pueden caerse estrepitosamente. Pero solo la certeza garantiza el orden. A la nada no se la puede dominar. A la contradicción tampoco. La vida es dominable, en especial, si puede ser operable, entendible, dicha; pero deja de ser "vida" para transformarse en "vida segura", o cómoda. Los conceptos fijan esencias y hacen de ese modo que nada escape a lo comprensible. Por eso resulta necesaria cierta estabilidad conceptual, ya que el incesante desfile de relatos sobre la realidad genera una sensación de fluidez, más cercana a la inseguridad que a la comodidad de lo que funciona. Sin embargo, estos tres judíos relativizaron todo: Marx desnaturalizó la propiedad, Freud disolvió nuestra conciencia, Einstein colocó a la realidad misma en la incertidumbre.

El mundo moderno viene padeciendo un permanente tránsito hacia las incertezas. Pero nuestra formación occidental es canónica, está basada en el parámetro de la verdad y la resolución de problemas. No en su apertura. Cuando leemos las muchas y variadas exégesis que pueden tener algunos capítulos de la *Toráh*, nos embarga con rapidez la inminente pregunta interior de ¿cuál de ellas tendrá razón? Y no toleramos decirnos "tal vez todas" o "ninguna", y que en ese gesto de no preguntar por la correcta, habita lo que nos llena, —aunque nos pierda—, lo que nos hace más pensantes, más sensibles, más abiertos, más perseguidores. Gesto de no preguntar por la correcta que no significa abandonar la búsqueda, sino todo lo contrario: apostar por lo diverso y por un perspectivismo que desnude lo dogmático de lo que se presenta como incuestionable. Parece que todo hay que resolverlo. Parece que está prohibido perderse. A los perdidos el sistema los deja afuera, los considera inútiles, tal vez simpáticos, pero improductivos; y a los que resuelven, los premia, y en ese mismo acto, los fagocita. Una *Toráh* abierta supone una identidad en constante cambio, un ejercicio hermenéutico que se permite releer las relecturas, y que nos permite releernos como judíos sin limitaciones.

Hay una tensión enorme entre ciertos parámetros con los cuales seguimos querer pensándonos y esta nueva realidad de incertidumbres. Somos hijos de la tradición de las certezas y queremos educar en las certezas. La nada garantiza la diferencia y eso asusta. Resulta más fácil buscar qué tienen en común todos los seres humanos que dedicarnos a admitirnos todos como seres diferentes. Establecemos definiciones de la naturaleza humana como si con ello resolviéramos el problema de la alteridad. Y toda definición que damos, siempre deja a algunos afuera. Nos desvivimos por buscar qué tenemos en común todos los judíos, y el disparador es siempre el mismo: ¿qué es ser judíos?, ¿qué nos define como tales? Pero "definir" significa "poner fines". Y si hay fines, hay límites. Y si hay límites, alguien los pone. O mejor dicho, los impone. Estamos acostumbrados a plantearnos los temas de identidad judía como problemas a resolver, pero ¿por qué no plantearlo al revés? Tal vez los judíos, más que a fijar los límites de lo identitario, debamos empezar a vivir el judaísmo de manera abierta y pluralista. Romper con la identidad que excluye e identificarse con el judaísmo del otro. Aprender a aceptar que el primer "otro" tal vez seamos nosotros mismos. Aprender a desconfiar de nuestro judaísmo, para poder entender el del otro. Entender que el problema de la identidad es el problema de la diferencia y que se trata menos de buscar lo común, que de entendernos diferentes.

Es posible que la llamada "muerte de la verdad", en algún punto, abra. Nietzsche decía que cuando el hombre se sacó el peso del deber para con la verdad, finalmente pudo bailar, todos pudieron bailar, los "verdaderos" y los "falsos". Se puede llevar la discusión para otro plano. Es habitual oír hablar del concepto de identidad como una noción en crisis, sostener el actual estado de fragmentación colectiva como un problema. Pero esta fragmentación pude ser vista también como positiva, ya que deconstruye, esto es, nos muestra el carácter autoritario de lo que se pretende homogéneo. "Identidad" significa "lo mismo". Tal vez llegó la época de repensar el concepto mismo de identidad. Definir nuestra mismidad de otra manera, entender la identidad no como lo que permanece detrás de los cambios, sino como el "no ser siempre el mismo". Vivir la contingencia de la existencia. Denunciar a aquel fragmento de nuestro ser que pretende imponerse por sobre los demás, en nombre del monopolio de la verdad. Porque así visto, si toda verdad resultara una imposición, la muerte de la verdad emanciparía. Pero por sobre todo, nos emanciparía de nosotros mismos. Nos haría más permeables a entender al otro como otro, cuando aprendemos a dudar de nuestros propios prejuicios. Somos animales prejuiciosos. Siempre hablamos desde algún sitio. Nuestra conciencia de las cosas siempre es situada. Y justamente, este juicio tiene que servir para desacralizar nuestras propias y asentadas verdades.

Se puede pensar que no hay un judaísmo, sino que hay judíos. Del mismo modo que se puede pensar que no hay una humanidad, sino hombres. ¿Qué tienen en común, por ejemplo, un judío laico de izquierda y un judío religioso ultra ortodoxo? Tal vez nada, tal vez lo esencial: ambos son judíos. Pero puestos a definirlo (al judaísmo), alguno queda afuera. ¿Y cómo definir esa esencia común? Tal vez sea indefinible. Tal vez la pregunta ya no sume, sino reste. Somos judíos y cuando pensamos por qué, caemos en paradojas y nos perdemos. Y en ese momento, en lugar de disfrutar la perdición, de aprender del otro, de conectar con otros modos de judeidad, buscamos resolver las paradojas para imponer nuestra mirada por sobre las otras. "Somos judíos" y esa afirmación ya es mucho. Ambos se proclaman como tales. Ambos podrían comprenderse mejor a si mismos si se permitieran conocer mejor al otro.

El posjudaísmo es una tarea de resistencia. Ante el hecho de la tribalización de lo judío, la identidad se devela excluyente. Educar en la diferencia cuesta más, no estamos acostumbrados. Por eso es una tarea de resistencia, en especial para con nosotros mismos. Alguien que entiende su judaísmo a través de la comida ("yo soy judío cuando como *gefilte fish*"), ¿es menos judío que el que leyó *La guía de los perplejos* o que el que cumple la mayoría de las *mitzvoth*? En un mundo de incertidumbre, dice "soy judío", y eso ya es mucho. Luego, emprende su búsqueda de contenidos. Y cuanto más desdogmatizada sea la búsqueda, más rico será su judaísmo. Del mismo modo que muchos judíos se autoidentifican como tales, más allá de los juicios de la ley "halájica". ¿Podemos seguir sosteniendo la ley del vientre, frente al compromiso identitario? ¿Es posible que todavía se discrimine a aquel judío que no nace de madre judía? Es claro que el problema está en la relación oculta entre parámetros identitarios y monopolios de poder. El problema reside más bien en aquel que, con su dedo en alto se la pasa admitiendo y rechazando la condición judía de cada uno, o en aquel que intenta universalizar su mirada de lo judío como si fuera la única.

El posjudaísmo es entender que en un mundo de no-verdades, hay un trabajo de autocreación incesante. Se puede imaginar al judaísmo como una plastilina tan liviana, que cada vez que alguien la toma entre sus manos, le da su propia forma, esto es, la forma que surge de la relación entre el molde de su mano y la plastilina que se deforma entre los dedos. Nunca se puede acceder a la plastilina en si misma. Ella siempre está mutando, ella siempre "es" la forma que cada mano le imprime. Hay judíos que se definen como tales solamente a partir de un acto emotivo: "me siento judío". En general resultan los más excluidos, ya que no se les reconoce la autoidentificación emocional como válida. La definición "me siento judío" no permite límite, es una anti-definición. ¿Pero no son los casos donde más se manifiesta el amor por lo judío? Pero el amor, la pasión, no se explican, lo irracional no se entiende, y por ello no es posible el dominio. Por eso es más judío el que se adapta a la regla que el que lo elige por vocación. La regla ordena, el amor caotiza. Sin embargo, ¿no es preferible que nuestras parejas nos amen, a pesar de que no cumplan los requisitos de lo que debiera ser una buena pareja? Así se garantiza un proyecto: con amor, no con obligación. Así se garantiza la continuidad, con pasión y no con cumplimiento inocuo. Por eso, la plastilina se expande todo el tiempo, y por eso cambia, muta, se transforma. Es como el río de Heráclito, aquel que cuando uno vuelve a bañarse ya no el mismo. Así, nos vamos expandiendo como pueblo, dudando, cuestionando, hasta renegando y retornando. Así nos vamos perdiendo y cuanto más erramos y más buscamos, más judíos nos sentimos.

## Este libro

Hemos intentado en este ciclo poner en cuestionamiento muchos de estos tópicos que creemos dogmatizan nuestra condición judía. La selección de las mesas dio como resultado un ordenamiento aleatorio en dos temáticas comunes aglutinadoras: Vida cotidiana y Polémicas. El denominador común ha sido siempre el intento de repensar lo judío fuera de sus límites tradicionales. Pero esto no ha significado que los disertantes coincidieran en un todo con este tipo de planteo; es más, el espíritu de las mesas busca reflejar el ánimo de debate que creemos hoy existe de hecho en la comunidad judía argentina. Sin embargo, el modo de plantear la mesa es una apuesta por poner en la superficie aquellas cuestiones de las que "no se habla", más allá de los consensos o disensos. De hecho, en más de una mesa, aparecerá cuestionado el mismo concepto de "posjudaísmo", como concepto marco.

En el Capítulo "Vida cotidiana", se discuten muchos de los prejuicios que hacen a la identidad judía en sus vivencias diarias. El filósofo Tomás Abraham y la psicoanalista Silvia Bleichmar debaten en "Judío público, judío privado", la posible fragmentación de la identidad judía entre la vivencia privada y la manifestación pública. Pero por sobre todo, reflexionan sobre la fragmentación interior, aquella que va desalojándose de las formas tradicionales de entender la naturaleza del judaísmo. En "Mixtos: identidad y diferencia", se trabaja, tal vez, uno de los puntos más controvertidos en relación a dos grandes pilares del judaísmo tradicional: la continuidad y la asimilación. En una vida judía en Argentina, con el 43% de matrimonios exogámicos (mixtos) según el Estudio Sociodemográfico realizado por el Joint en 2004, la temática necesita nuevas exploraciones. El rabino Baruj Plavnick, la escritora Alicia Dujovne Ortiz y el filósofo Ricardo Forster se dedican decididamente a ello, desde tres lugares muy diversos y muy personales, pero con la misma convicción de repensar la cuestión bajo nuevos parámetros. Y por último, el economista Daniel Muchnik, el periodista Mario Wainfeld y el rabino Daniel Goldman cierran este Capítulo, debatiendo sobre los mitos, imaginarios y verdades de la relación entre los judíos y el dinero. Una discusión que linda con gran parte del ideario del otro para con los judíos, y que por ello, lleva el debate a otro plano.

En el Capítulo "Polémicas", se postulan algunos conflictos que fueron eje en la vida judía del año 2006 y que profundizan la cuestión de la identidad. El economista Alejandro Horowicz y Ricardo Forster, debaten abiertamente el texto de una solicitada escrita por el primero y firmada por múltiples personalidades del mundo académico, artístico e intelectual, en la que se acusa al Estado de Israel de "genocida" a partir de sus acciones en la Guerra del Líbano. La discusión es franca y abierta, resultando más que importante para resignificar muchas de las claves del ser judío después de la *Shoáh*. Y en el cierre, Sergio Bergman y el ensayista Alejandro Kaufman, polemizan en torno a la relectura de la epopeya de David, en "David y Goliat: el poder", en un sub-ciclo que se tituló "Relecturas de la *Toráh*", donde se intentó avanzar sobre el texto bíblico sin las ataduras ni dogmas de sus lecturas tradicionales. De hecho, el caso de David y Goliat sirvió de marco para un debate constituido a partir de la preocupación por el lugar de lo judío en lo argentino y su relación más general con el poder. La coyuntura política puede releerse como un nuevo combate entre David y Goliat, pero lo interesante es reflexionar si está tan claro quién cumple cada rol o si más llanamente, si están claros los roles.

Se ha buscado mantener la atmósfera producida en cada encuentro, a través de los diálogos entre los disertantes, y a partir de la intervención del público. El trabajo de edición nos ha permitido pulir algunas mesas, sin dejar de reflejar por ello, la esencia de las ideas sostenidas. Pero a fin de cuentas, se ha decidido siempre respetar más el apasionamiento del encuentro que la estilización barroca. Muchas veces es la intervención del público la que produce un giro inesperado en la mesa, desplazando el foco de atención temática hacia otros lares. Y muchas veces encontramos también en el debate entre los disertantes, elementos de una riqueza conceptual superiores a las alocuciones con las que se inicia la mesa en cuestión.

Quiero recordar aquí a todos aquellos disertantes que participaron de alguna mesa del ciclo que no ha sido seleccionada para esta edición, con la expectativa de sumar nuevos tomos a esta obra. Del mismo modo agradecer a todos aquellos que como público han enriquecido todas las exposiciones, no solo a través de sus interrogaciones, sino especialmente a través de su presencia emotiva, sus aplausos, sus enojos, sus vacilaciones.

Este libro no hubiera sido posible sin el soporte permanente de Gerardo Mazur, Susana Taszma, Damián Karo, Julián Zolotow, Alejandro Waserman, Claudia Schilman y Luciana Grosman, compañeros de ideas cada martes. A Marcelo Frydman y Martín Albornoz. Quiero agradecer particularmente la confianza de Javier Grosman, el empuje y coraje de Ianina Grimblat, y la apuesta decidida de Diego Freedman. En lo personal, a Lucrecia, y mis hijos María y León, quienes me realizan segundo a segundo en mi ser.

Herszko, mi papá, es un "sobreviviente" de la Shoáh. Nació bajando de los trenes, escapando de Polonia. Mi papá vivió refugiado en Rusia. A mi papá no lo pudieron circuncidar, obviamente, en medio de la guerra. Pero esto no lo entendió aquella persona que años después, cuando mi familia pudo finalmente llegarse hasta Francia, no lo dejó entrar a una sinagoga. La regla pudo más que el amor, y alguien estuvo a punto de quedar afuera. Pero mi papá amó su judaísmo y me lo transmitió a su manera. Espero que mis hijos sean libres de amar. Aún si el objeto de su amor es otro que el mío. Si eligen lo que quieren y quieren lo que eligen, mi judaísmo se verá pleno. Y si después dudaran, mejor. Pero nunca dejaré de recordarles que "solo hay tres maneras de ser judíos: bien, mal o del modo que ellos quieran".

# Posjudaísmo: reflexiones sobre la identidad

## Identidad, definición y exclusión

El principio de identidad fue formulado por Parménides a principios del siglo V a.C.: "todo ente es idéntico a si mismo". Un "ente" es todo aquello que "es". El ser se predica de toda cosa, hace que todas las cosas "sean", que los entes "se den". Aquello que comparte todo ente, aquello que tienen en común todas las cosas, es que "son", y por ello, son entes. Y cada ente es solo y únicamente idéntico a si mismo. Pero siendo así, "nada" diferenciará a un ente de otro ente, ya que si solo el ser "es" y la nada "no es" nada, no es posible diferenciar a un ente de otro ente. De hecho, Parménides concluirá que de ello, se sigue que, solo puede existir un único ente, ya que la identidad del ser excluye toda forma de diferencia y cierra la posibilidad a lo que "no es". Lo que "no es", no es, y por ello no hay forma de diferenciar a los entes. Pero si un ente es idéntico solo a si mismo, lo "igual" y "lo idéntico" no son la misma cosa, ya que para que haya igualdad, debe haber diferencia, y para que haya diferencia, debe haber más de un ente. Algo imposible.

La identidad se cierra sobre si misma. Es "mismidad". Solo "lo mismo" puede ser idéntico a "si mismo". El principio de identidad se autoafirma en el acto mismo de exclusión de lo otro; exclusión que más que una forma de diferencia, se transforma en negación misma de status ontológico. En ese sentido, según Parménides, lo que "no es", no es, no tiene lugar. La nada no es nada. Y de allí, que solo puede haber un único ente idéntico a si mismo. Un gran "uno" o un gran "todo" que se entiende a si mismo, se piensa a si mismo, se ama a si mismo, se acepta solo a si mismo.

De este modo, caracterizamos a la identidad como "aquello que permanece siempre lo mismo, inmutable a los cambios", entendemos lo identitario como aquello que se mantiene siempre fiel a si mismo, renuente a la mutabilidad propia de lo accidental, de lo que cambia. La identidad supone una mismidad que siempre continúa, sostiene una "naturaleza" propia, un concepto de-limitado, de-finido, de-terminado. La identidad supone una naturaleza inmutable, y por ello supone un concepto, y por ello supone una definición. De-finir, poner fines, límites, determinar el concepto, hacerlo idéntico a si mismo. Los entes son. Las definiciones caracterizar su ser, manifiestan en el lenguaje su esencia. Y diferencian, en especial, el ámbito propio de lo identitario –de lo que no muta–, de aquello que está sujeto al cambio.

Nuestra cultura identitaria puede secularizar la fuerza o el alcance de lo definicional, pero se rige con la necesidad de delimitar lo propio de lo extraño, el ámbito que compete a "lo nuestro", del ámbito que no nos compete. Y de esa forma nos comprometemos con nuestro status ontológico, con aquello que pertenece a lo propio, y nos descomprometemos de aquello que queda afuera. Las palabras fijan identidades. Definen el alcance de un ente y lo diferencian de lo que no es. Esto es una mesa y no es una silla. Esto es Argentina y no es Bolivia. Las identidades clarifican, echan luz a los límites, jerarquizan, separan, tranquilizan. Evitan la monstruosidad de lo ilimitado, adormecen el terror a lo que se nos escapa, anestesian el pavor a lo incierto. Decía Anaximandro que el origen de todas las cosas se hallaba en lo ilimitado. Todo deviene de un caótico indefinido original, pero las cosas "caen". En realidad, se hacen cosas cuando caen, porque "caer" es salir de ese indefinido, para delimitarse. Solo allí puedo distinguir un ente de otro, solo cuando la realidad se cosifica. El pasaje de lo ilimitado a lo limitado es para Anaximandro, el pasaje de lo indefinido a su cosificación. Y por eso, el mundo debe pagar una culpa, el castigo de haberse hecho "ente", de haber asumido una identidad. La culpa se paga retornando, volviendo a lo indefinido, padeciendo el eterno retorno de un hacerse y deshacerse constante. Una vez creados el cielo y la tierra, la *Toráh* nos dice que la tierra estaba "*tohu va bohu*", sin forma, sin orden… sin identidad. Y cuanto más se aleja el relato del origen, más se determinan las cosas, ya que "luego", Dios fue creando los entes y solo con la creación del hombre, las cosas tomaron finalmente el sentido de "cosas" cuando Adán les puso nombres. Nombrar, delimitar, diferenciar, establecer identidad. Afirmar un "común", una naturaleza intrínseca, un espacio de delimitación aunque sea nominal. La identidad separa y discrimina, pone orden a la diversidad de lo desordenado, deja en claro qué pertenece y qué no pertenece, fija canon, cristaliza leyes, legaliza, y por ello… crea delincuentes.

## Los delincuentes

¿Quién delinque? Delinque el que amenaza los límites, aquel que cuestiona con su mera existencia el alambrado conceptual. En realidad no está tan clara la diferencia entre una silla y una mesa, en los extremos hay ambigüedades y mucho menos está clara la diferencia entre Argentina y Bolivia. Siempre el que delinque viene a develar con su presencia, la conciencia de lo arbitrario de los límites. Quita calma, destruye seguridades. En la villa 31, en la casilla 79, la familia Moreno no tiene ni sillas ni mesas; ¡tiene cajones!, que indistintamente se cosifican en una mesa o en una silla. Para un kolla, la diferencia entre Argentina y Bolivia es inexistente. Son meras convenciones que se superponen entre sus tierras y espíritus ancestrales.

¿Quién delinque? El acto delictivo se erige a partir de la legalidad de lo idéntico. Y el delincuente es el tercero excluido. O es silla o no es silla, se excluye lo indeterminado. El que abraza a un árbol es un delincuente. O bien lo antropomorfiza, o bien está desquiciado; pero nunca lo abraza como tal. La identidad genera paranoia, es esencial a sus determinaciones. Pero la esquizofrenia es incomprendida: no se puede ser y no ser al mismo tiempo. O no ser al mismo tiempo ni ser ni no ser. ¿Quién delinque?

## Dionisio y la educación

Apolo, explica Nietzsche, es la figura de la individuación. Apolo es el dios de los conceptos, es quien genera identidad, es quien cosifica. Hace comprensible; dibuja las líneas que demarcan aquello que se puede comprender. Con Apolo nace el conocimiento, encarnan en palabras los horrores de la existencia y por ello, ya no duelen ni incomodan, simplemente: se entienden. Apolo es Sócrates, Apolo es Jesús, Apolo es la palabra. Cuanto más se apoliniza la realidad, más se destierra lo dionisíaco, esa zona de lo incomprendido que produce angustia, que asusta, que atemoriza y tiembla. Dionisio es el dios que nos arroja de lleno a la percepción existencial de lo indefinido. Dionisio se manifiesta cuando Apolo limita, ya que todo límite abre las zonas traseras, los espacios que están más allá de los límites, el lugar de lo que no tiene lugar. Dionisio duele, Apolo explica ese dolor, y de ese modo se aplaca el dolor, se encuentra un sentido. Dionisio goza, Apolo explica ese placer, y de ese modo se aplaca ese placer, se encuentra un sentido. Toda búsqueda de sentido, decía Nietzsche, es una búsqueda de seguridad. Lo que se entiende, aleja; lo que no se entiende, acerca. Pero la cercanía es insoportable y por ello Apolo toma distancia, cosifica, convierte todo en ente, lo hace comprensible, medible, narrable, dominable. Solo después de comer el fruto del árbol del conocimiento, puede el hombre trabajar la naturaleza, apropiársela, privatizarla. Hay un giro, un pasaje, el mundo se empieza a constituir a imagen y semejanza. Los árboles no son para ser abrazados, son leño o vegetales o productores de oxígeno. Tiene que haber distancia, esto es, concepto, esto es, identidad. El árbol se apoliniza, se vuelve cosa, y Dionisio abandona la escena; y si resiste, se lo incomprende, se lo destierra, se vuelve delincuente.

En la *Tercera Intempestiva* nos habla Nietzsche de la figura del educador, del intelectual. Ese crítico constante que desenmascara, que des-idolatra, que se encarga de revolver las tumbas, de deconstruir las identidades establecidas, hurgar sus cimientos. ¿No es toda definición un acto excluyente? ¿No hay en toda identidad una des-jerarquización de lo otro? ¿No hay en toda cosificación un olvido del ser, una transformación de lo real a lo útil, a lo entendible, a lo dominable? La utilidad de los entes, ¿no supone ya la exaltación de una faceta sobre la otra? ¿No es "lo útil" una unívoca forma de acceder a lo real? El educador crítico tiene que oscurecer, desanudar los nudos que unen las cosas solo de un modo. Mostrar que el rostro oculto tras la máscara, es otra máscara. Hacer explotar la verdad, hacerla incierta, mostrarla cubriendo un interés. Desandar los senderos para mostrarlos no unidireccionales. Educar des-educando, post-educar.

## Post, posjudaísmo

El "post" no es solo un después. Es un acto de retorno constante. Nada más lejos que acercarse al "post" como un indicio de superación o de progreso. El "post" remite constantemente a aquello que con su recorrido alcanza un punto límite y de ese modo, lo abre. Porque el "post" no reemplaza, explota. La historia de la Modernidad puede ser leída como una historia que llega a un límite. La historia de la metafísica occidental puede ser leída como una historia que alcanza su punto antitético. Dice Nietzsche en el *Crepúsculo de los ídolos*, que con la muerte de la verdad, mueren también las apariencias. Y si la historia de la Modernidad culminó, sus categorías sin embargo, aun nos contienen, pero vacías. Puede ser que la verdad haya muerto, pero su búsqueda infructuosa, aun nos condiciona. Pero nos condiciona desde su ausencia, su fantasma se nos manifiesta y el contraste sale a luz. Estudio sabiendo que aquello que estudio puede cambiar. Me detengo en lugares movedizos, planos que ya pueden estar mutando. Cuando Dios murió, dice Nietzsche, el hombre permaneció igual apegado a sus sombras. Las sombras de Dios. Sabemos que son sombras, pero jugamos con la ambigüedad de vivenciarlas como verdaderas, sabiendo que no lo son. Asumo posiciones que mañana serán otras. El "post" remite a ese juego. Es saber que en cualquier posición que me coloque, estoy impostando, y eso me libera del dogma, y sobre todo de mi propio dogma. Saberse alienado, saberse otredad, máscara, "persona". Saberse extrañado, esquizofrénicamente nunca igual, idénticamente nunca idéntico. Saber que Apolo necesita de Dionisio, impone marcas a Dionisio, y que cada marca puede ser otra. Saberse imponiendo y por ello extrañado con ese yo que nunca es el mismo. El "post" no reemplaza, des-dogmatiza; no supera, resignifica.

Algunos llamamos posjudaísmo a este extrañamiento. No es ni reemplazo ni superación. Es un retorno constante sobre un judaísmo que buscó denodadamente su propia definición, integrando, y en ese acto, imponiendo y excluyendo. Un retorno que busca des-dogmatizar lo autoritario de lo judío. Es una apertura que dialoga con las normas, las hace verse en el espejo como tales, clama por una post-identidad judía que escape a lo idéntico. Es llevar las cuestiones de identidad al plano de lo dionisíaco, perderse conceptualmente para ganar en sensibilidad.

Toda definición de lo judío termina siendo una categorización excluyente y exclusiva. Lo judío se convierte en aquello que impone quien carga a Apolo sobre sus espaldas. Pero Apolo no es monopolio natural de nadie, sino que convierte en natural y monopólico a quien lo carga. El posjudaísmo es este estado de denuncia. Buscar una definición de lo judío es dejar siempre a alguien afuera. Dictar el canon de lo judío es inclinar la balanza para algunos. Arrimarse al judaísmo, en cambio, a partir de un sentir dionisíaco, resulta una osadía imposible, ya que el sentir no fija parámetros ni produce definiciones. La cosificación de lo judío necesita límites precisos, y el debate sobre los límites siempre se vuelve un debate entre posiciones que buscan imponer sus reglas, sobre las reglas del otro. ¿O acaso hay valores judíos que permanecen siempre idénticos a si mismos? ¿O acaso hay sacralidades que no deben ser alteradas? Y si así fuera, ¿en qué se fundamentan? ¿No se corre el riesgo de siempre recaer en una conceptualización excluyente de aquello que entra y de aquello que queda afuera? ¿Cuál es el límite? ¿Quién lo impone? ¿Qué ley del vientre impediría la sensación sublime de un sentirse judío? Ser judío siguiendo las reglas es ser un judío cosificado, amparado en parámetros, útil a la reproducción de un sistema que necesita cuantificar y cualificar para someter; funcional a los intereses de aquellos que no pueden dominar lo dionisíaco por inabordable y mudo. Está claro que ningún ordenamiento podría establecerse a través del enunciado: "judío es el que se siente judío" o "la identidad es aquello que se halla siempre siendo otro". De eso se trata. Esa es la aparente paradoja. Si ordeno, quedan partes afuera. Si abro, no hay orden. ¿Con qué me quedo? ¿Orden excluyente o desorden anárquico? Todo depende de donde esté parado. En cambio, la anarquía es babélica.

## La anarquía babélica

Gianni Vattimo, en sus últimos libros *Creer que se cree* y *Después del cristianismo*, desde la hermenéutica relee los *Evangelios*. Resignifica. Relee el Nuevo Testamento como un canto al pluralismo. Interpreta al acto de *"kenosis"*, esto es, de rebajamiento o encarnación de Dios en Jesús, como un mensaje de secularización. Por eso, para él, nada hay más cristiano o poscristiano que la hiper-secularización posmoderna y nihilista, ya que Dios mismo estableció el camino al hacerse hombre, al hacerse finito, mutable, contradictorio. Lo poscristiano está en leer un supuesto mensaje de unidad dogmática, como una prédica a la heterogeneidad y al descentramiento. Así como Dios se hizo hombres, la Verdad se hizo verdades.

¿Podemos aplicar este sentido hermenéutico a la *Toráh* y abordarla desde lo posjudío? Podríamos ver que tras la expulsión del Edén, el último episodio previo a la aparición de Abraham, e inmediatamente precedente, es el relato de la Torre de Babel. Dice el *Génesis* en la traducción de Daniel Colodenco (Ediciones Lilmod):

"y toda la tierra fue de un único idioma y de palabras similares (…) vamos, construyámonos una ciudad y una torre cuyo tope llegue al cielo para hacernos de un nombre."

El deseo del hombre no es bien visto por Dios, quien marca lo irrisorio de un solo lenguaje, lo trágicamente conducente de los dogmas. Dios no quiso un único idioma, una única mirada, una sola forma de entender al judaísmo. Es más, sigue el texto:

"Y dijo Dios: si como un solo pueblo y con un idioma único para todos, han comenzado a comportarse así, entonces nada de lo que se propongan hacer les será imposible."

Dios teme a los monopolios, huye de las definiciones, no quiere homogeneización, intuye el peligro. Primero tentó al hombre, luego lo arrojó a la mundanidad y ahora culmina su obra haciéndolo diverso:

"Descendamos y confundamos allí su idioma, así nadie comprenderá el lenguaje de su prójimo".

No solo dispersa al hombre fragmentándolo, sino que además se presenta a si mismo en plural, Él mismo diverso Nos pide confusión, nos llama al extrañamiento. Y hasta Él mismo se muestra muchos.

Inmediatamente el capítulo 11 termina con la descendencia de Shem, hijo de Noé, que alcanza hasta Abraham, y allí nomás introduce la historia de los primeros patriarcas. Es decir, se produce un salto de historias, pero a renglón seguido: en el versículo 9 cierra la historia de Babel y en el 10 abre la de Shem. Pero… ¿en qué tribu quedó Shem? ¿Cuál de los idiomas le tocó hablar? ¿A qué grupo pertenecía? No se dice. No está claro. No tiene que estar claro. "*Shem*" en hebreo significa nombre. ¿Cuál nombre? ¿Cuáles nombres? ¿Cuál es la perspectiva que se impuso sobre las otras? Todos los lenguajes confundidos parecen ser las diferentes formas de acceder a lo judío. Cada una en su confusión con la otra, sin embargo compartió el deseo del nombre, la imposibilidad de acceder al nombre. Abraham descendió de Shem y Shem fue uno más de los tantos hablantes de lo judío. Fue uno más y fue cualquiera, pudo ser cualquiera, y por ello el texto no lo determina. ¿No podemos interpretar la anarquía babélica como constitutiva de nuestro ser judíos? ¿No podemos interpretar la imposibilidad de la torre, esto es, del nombre, como la inexistencia de una definición única del judaísmo?

## Cierre

Le debo a Pablo Dreizik la metáfora de la copa. El judaísmo es como una copa rota, hecha trizas, donde cada fragmento disperso anhela volver a ser parte de la copa entera. El tema es que por un lado, la melancolía por la copa entera tal vez sea fantasmagórica y el ideal de la copa entera no sea más que un sueño: nunca hubo más que fragmentos dispersos y se tiene la ilusión de una procedencia de una copa plena previa. Por otro lado, en la reconstrucción y armado del judaísmo único, ¿qué pedazo de la copa rota impondría su modelo de copa entera? ¿El pedazo más poderoso? ¿Y el resto?

Dice Richard Rorty que en una sociedad pluralista, la clave es diferenciar las concepciones privadas de la buena vida, de las formulaciones concretas para el ordenamiento de lo social. Cada quien puede vivenciar sus diferencias privadamente, el problema se establece cuando se pretende universalizar las formas privadas en formas públicas. No hay un judaísmo, hay judíos. Judaísmo hay cuando algunos judíos buscan universalizar sus formas enunciando el catálogo del "buen judío". Entre los judíos, esos fragmentos de la copa, hay extrañamiento; hay un Dionisio que molesta, pero une. Hay una comunión de sensaciones diversas que se entrecruzan. Algunas están bien en los límites de las otras, pero en todas hay identificación con algún aspecto. Algunos son judíos por el sabor, otros por el estudio de la *Toráh*, unos por el olor, aquellos por cierta mirada humanista, los otros por el cumplimiento de las *mitzvoth*. Algunos festejan el *bar mitzvah* con rabino, otros no. Unos se circuncidan, otros no. Algunos celebran matrimonios mixtos, pero otros celebran matrimonios "bien judíos", aunque no se amen.

Hay dogmatismo en la creencia en que cada fragmento es el modelo de los otros, hay apertura en la asunción de que cada fragmento es un fragmento más, y por ello, en extrañamiento consigo mismo, cada fragmento se busca en el otro. El posjudaísmo es la resistencia a ese dogmatismo. Es la celebración de la máxima: "no hay un judaísmo, hay judíos". Es más una actitud de resistencia frente a los autoritarismos, que una propuesta institucional; y a la manera de la escalera de Wittgenstein, una herramienta que se debiera autodestruir el día que ningún judío quiera ya imponer su perspectiva sobre las otras.

# Capítulo 1
# Vida cotidiana

# Judío público, judío privado

*16 de Noviembre de 2005*

**Disertantes: Tomás Abraham, Silvia Bleichmar**

Darío Sztajnszrajber – Identidad y diferencia van de la mano y no es posible separarlas. Sin embargo, durante muchos años, la cultura occidental ha hecho un culto de la identidad en un sentido fuerte, rígido y sostenido, según el cual aquello que nos caracteriza debería hacerlo a lo largo de toda nuestra existencia. La identidad no es negociable, no puede tener "agujeros" y no se reniega, sino que se sostiene a lo largo de la propia vida convirtiéndola casi en un proyecto existencial. Ahora bien, ¿podemos seguir hablando de identidad en un sentido fuerte? Quizás no. Tal vez vivamos en una época de fragmentación absoluta, en la cual, más que hablar de Identidad, tengamos que hablar –siguiendo a Michel Maffesoli– de identificaciones particulares. Quizás no seamos más que fragmentos que se superponen, se yuxtaponen y hasta se contradicen entre sí. ¿Qué sería entonces lo judío? ¿Será un esqueleto identitario? ¿O será uno de los tantos fragmentos que nos caracterizan? Si así fuera, lo judío se desacralizaría y perdería peso. ¿Cómo evaluar ese debilitamiento? Tal vez esa pérdida de peso sea positiva y nos libere de compromisos omniabarcadores que no han hecho más que enfrascarnos en disputas internas sin importancia. ¿Ha llegado la hora de entender lo judío como un aspecto más de nuestra vida? ¿O todo lo contrario?

Los invitados para charlar con nosotros sobre este tema son Silvia Bleichmar y de Tomas Abraham.

Tomás Abraham – En cuestiones de identidad, el ser judío se trata, para mí, de una cuestión sumamente simple, en la medida que hay culturas que basan su identidad en el hecho mismo de preguntarse quiénes son. Parte de eso pasa también en la Argentina. Es decir, hay una especie de inseguridad vital por la cual la pregunta misma consolida al grupo. Por ejemplo: ¿qué es ser judío? Esta pregunta forma parte de los interrogantes de cualquier comunidad en la cual se juntan judíos. Así es como van surgiendo preguntas como: ¿quiénes somos los judíos? ¿Por qué somos así? ¿Por qué no somos más de los que somos? Para mí esto siempre fue una cuestión muy simple y considero que la pregunta acerca de qué es ser judío tiene una respuesta indudable, cierta y obvia. No tengo ninguna duda acerca de mi judeidad, siempre fui judío, soy judío y moriré judío. No sé cuál es el problema de eso. Ahora bien, ¿por qué soy judío? No porque Dios me haya dicho que sea judío sino porque la historia dijo que fuera judío y no tengo otra identidad que la histórica. Digamos que tengo una identidad biológica, pero ésta no tiene nombre, salvo el nombre que me da la diferencia sexual. Pero la historia me dio una identidad y así es como soy judío. Por ser histórica esta identidad es incuestionable.

¿Qué quiere decir en este caso la historia? En primer lugar, el apellido. Mi apellido paterno es Abraham, un apellido que dice "yo soy judío". En segundo lugar, nací en Rumania donde se mató a muchísimos judíos. Parte de la falta de raíces de mi familia en ese lugar se debe al antisemitismo y a lo que pasó durante el Genocidio. Mi familia no es rumana, sino que nació en Rumania. Nací en Rumania –de hecho tampoco soy rumano– en la época de la posguerra y pertenezco a la generación que nace después de la matanza. Por lo tanto, nací en un lugar donde se llevó a cabo la matanza y tengo un apellido que dice "soy judío". ¿A ustedes les parece que tengo algo que preguntarme sobre mi judeidad?

Ahora paso a la identidad argentina, que en mí está en duda. Soy argentino naturalizado y adopté la ciudadanía argentina porque quise ser argentino, pero de hecho soy judío. ¿Por qué no soy tan argentino como judío? En primer lugar, soy argentino por adopción. En segundo lugar, yo creo que ningún judío nace un ciento por ciento con la nacionalidad territorial. En mi caso particular, sea por la adopción de la ciudadanía argentina o por la historia, quizás haya una distancia mayor respecto del total en ese ciento por ciento. Lo cierto es que en la Argentina, hay antisemitismo, siempre hubo antisemitismo y siempre habrá antisemitismo. Y no solamente en Argentina, sino también en todo el mundo. El antisemitismo es como la atmósfera y existe como existen los olores nauseabundos. También existe, formado parte de la identidad argentina, el nacionalismo católico. Una buena parte del siglo XX se formó sobre el nacionalismo católico. Vastísimos sectores de la opinión pública y del poder en argentina siguen siendo nacionalistas católicos. El antisemitismo en la Argentina no es necesariamente doctrinario, sino que es algo espontáneo, necio y tonto, que está en la boca de cualquier persona, aunque no por ello necesariamente esa persona sea mala. Esto forma parte de los prejuicios, de modo que podríamos hablar de algo así como un racismo *light*. Claro que esto es así sólo en algunos casos; en otros, ese racismo no tiene nada de *light*. En Argentina hubo ley de residencia y le sacaron la ciudadanía a Gelbard y a Timerman, entre otros. Así que estoy alerta. Soy argentino porque quiero ser argentino, porque amo a la Argentina, porque odio a la Argentina, porque me apasiona la Argentina, porque vivo en la Argentina, porque mis hijos son argentinos y espero morir en la Argentina. Este país nos dio abrigo a mi familia y a mí, nos dio un lugar, nos dio una familia, nos dio libertad.

Mi modo de ser argentino es haber aprendido el castellano y practicarlo. Ésa es mi lengua, mi idioma. Mi lengua materna es el húngaro. Durante una cierta cantidad de tiempo el castellano me fue difícil. Finalmente viajé a Francia, aprendí el francés, volví a la Argentina y me apropié del castellano. Hoy escribo y doy clases en castellano. De alguna manera me castellanicé. Mi país es el castellano. La argentina es mi nacionalidad porque mi territorio es el castellano. No podría pensar en otro idioma. El castellano me hizo argentino y conquisté el castellano para serlo.

Fundamentalmente soy judío afuera de mi casa. Adentro de mi casa no tanto. No tengo una familia judía porque en mi familia hay de todo, así que festejamos *Pesaj*, Navidad y todo lo que haya que festejar. Es más, me encanta que haya de todo. El mestizaje, el multiculturalismo, la diferencia, el compartir tradiciones es maravilloso. Así que, principalmente, son mis actividades y lo que pasa en la Argentina, lo que hace que a veces yo salga a defender la causa judía, que es la causa del género humano y de la dignidad.

Dentro de lo que me interesa del judaísmo y del pensamiento judío están ante todo los judíos considerados "malos". Por ejemplo: Baruj Spinoza y Hannah Arendt. Los judíos que me gustan son los disidentes. Me encanta ese judaísmo rebelde que no encuentra su lugar, el judaísmo del judío errante. En los pensamientos de Spinoza —que tan mal la pasó en su época— y de Hannah Arendt —que también la pasó mal con respecto a la jerarquía de la comunidad judía— estoy frente a pensamientos sobre los que yo he trabajado, he escrito y voy a seguir pensando y escribiendo.

Por otro lado —esto que voy a decir es una pavada— hay cierto orgullo de los judíos. Fíjense que Marx, Freud y Einstein eran judíos. En realidad no fueron judíos con respecto a sus creencias, pero de hecho eran judíos. Esto es algo que recordó muy bien el almirante Massera cuando lo nombraron doctor *honoris causa* en la Universidad del Salvador en 1977. En su discurso de aceptación —y me gustaría recordar que, todavía, algunos de los que le ofrecieron ese diploma son profesores en la Facultad de Filosofía de la UBA— Massera habló de "los peligros que soporta Occidente". Para eso se basó sobre todo en tres nombres: Marx, Freud y Einstein. Es decir: el odio de clases, la perversión sexual y el hecho de que todo sea relativo. Por eso que Marx, Freud y Einstein sean judíos me reconforta.

Me gustaría decir algo acerca del Estado de Israel. Gracias a que existe —como dice Daniel Barenboim— no nos bancamos que ningún racista nos dé una trompada en la calle e inmediatamente lanzamos nuestra respuesta sin el menor miedo. Digamos que ésta no es una condición *sine qua non*, pero entiendo lo que Barenboim quiso decir y lo comparto. Para mí el Estado de Israel, la defensa de su existencia y su derecho a la vida, no tiene que ver con el sionismo. El sionismo es otra cosa. Creo que hoy en día el sionismo es una ideología absolutamente distinta a la de otra época. Israel sabe perfectamente —al igual que lo saben perfectamente los sionistas— que son casi tan importantes los judíos de la diáspora como los que viven en su propia tierra y sabe que jamás podrían subsistir todos los judíos dentro de ese espacio territorial. Eso es así, al menos desde el punto de vista financiero. Me gustaría recordar también que no es lo mismo el Estado de Israel que los gobiernos de Israel. Eso es algo que tengo absolutamente claro. Israel es una democracia republicana —con todos los defectos de las democracias republicanas– y hay gente que está a favor y gente que está en la oposición respecto del gobierno. Defender el derecho a la existencia de Israel no es lo mismo que defender su política. Hoy en día –según mi punto de vista– no hay una cuestión judía, sino una "cuestión palestina". Ése es el problema de Medio Oriente. Por eso adhiero absolutamente a la campaña de Daniel Barenboim y Edward Saïd (ya fallecido, de modo que esta tarea es continuada por sus seguidores) para llegar a la creación de un estado binacional y multicultural. Creo que ése es el verdadero judaísmo.

Para terminar, recuerdo que el poeta judío alemán Heine decía que la Biblia era la patria portátil del judaísmo. Así lo fue durante muchísimo tiempo. Por muchos siglos la *Toráh* fue la patria de los judíos. Hoy en día creo que no es así, sobre todo por dos razones. Una de ellas es el Estado de Israel, que le da un lugar al judaísmo en el mundo. La otra razón son las doctrinas emancipatorias surgidas después del siglo XVIII que, a pesar del Genocidio, siguen vigentes. Por ejemplo, "todos los hombres somos iguales" no se lo van a sacar a nadie de la cabeza, por más fascismo, racismo o lo que fuere. Todos los hombres somos iguales. Es decir, no pensamos lo mismo ni tenemos el mismo color, pero somos iguales puesto que ninguno nace superior a otro. Esta idea de emancipación ha revolucionado al mundo y también al judaísmo. Esto no significa "asimilación" ni "fragmentación", sino que significa libertad. Ésa es la libertad de ser judío.

Silvia Bleichmar – Creo que Tomás abrió una agenda de cuestiones. A través de su experiencia personal puso en el centro el carácter, al mismo tiempo, universal y singular de lo judaico. Es muy difícil hablar de lo judaico sin apelar a la experiencia propia. Esto es muy notable. De hecho, cuando no se habla de lo judaico desde la propia experiencia, no tiene resonancia. En esto los judíos tenemos algo tribal. Más que referirme a lo público y lo privado, quisiera referirme a la interioridad y a la exterioridad. Sin embargo, hay algo que queda abierto a partir de lo que dijo Tomás: el momento en el cual una identidad propuesta es asumida. La identidad judía fue una identidad propuesta a nuestra generación. Soy de la misma generación que Tomás, también nací en la posguerra y nací, precisamente, para reparar la muerte de las mujeres de la familia. Pero esa identidad propuesta es una identidad no homogénea, que está en conflicto en un país que no solamente es antisemita, sino que además es "antitano", "antigallego" y donde el famoso crisol de razas es un cuento, donde lo que se intenta siempre es la homogeneidad y no la integración.

Lo primero que quiero decir es que, aunque afectada por el antisemitismo, mi vida en este país no es la de la transitoriedad sino la de la apropiación. Lo que yo intento –junto con otros judíos, "tanos" o lo que fuera– es que dejemos de ser identidades en diáspora para poder ser dueños de un país del cual se apropió la oligarquía y del cual durante demasiado tiempo nos hicieron creer que la historia había terminado en 1816, cuando recién la estaban construyendo en el siglo XX nuestros abuelos y padres inmigrantes.

En cuanto a mí, terminé de definir mi judeidad en el exilio. Allí fue donde decidí que no iba a renunciar a nada. Una cosa era que yo amara a la Argentina y otra cosa es que por el hecho de amar a la Argentina tuviera que renunciar a lo que era. Esto se planteó a tal punto que escribí un texto reconociendo públicamente mi lugar en la judeidad. Ese texto estuvo dedicado a mi padre y en la dedicatoria decía: "A mi padre Salomón Bleichmar, que me enseñó que ser judío era identificarse con todos los humillados de la tierra". Escribí eso en un momento en que mi marginación en el exilio era por ser argentina y no por ser judía. En México, los judíos residentes no me preguntaban "¿de dónde son?", sino "¿de dónde vienen ustedes?". Para ellos no existía la pertenencia, mientras que para nosotros sí. Me chocaba brutalmente que me preguntaran de dónde veníamos, como si fuéramos judíos en diáspora, cuando en realidad en ese momento éramos argentinos en diáspora. Recuerdo incluso una anécdota ocurrida en una noche de Navidad. Yo también adoro festejar Navidad, *Pesaj* y tengo también una familia multicultural. Sin embargo, paradójicamente, si alguien pregunta quién es judío, todos los miembros de mi familia levantan la mano, estén donde estén. Contaba, entonces, que un año estábamos festejando la Navidad en Pommard, en la Bourgogne francesa. Era el año en que había defendido mi tesis (1983) y acababa de retornar la democracia a la Argentina. Estábamos con mis hijos en un *Château* viñatero maravilloso y entonces les dije: "chicos, el año que viene vamos a festejar en la Argentina". Laplanche, que estaba ahí, me dijo: "Ustedes los argentinos son todos tan judíos…"

Quiero tomar dos temas que van más allá de lo personal. Uno tiene que ver con la identidad y el otro tiene que ver con el problema de una identidad en conflicto. Es indudable que la identidad es propuesta en el exterior y Tomás tiene razón: uno es judío porque cuando nació lo consideraron judío, lo hayan inscripto o no en la sinagoga. Esto último es absolutamente secundario, dado que así como existen judíos comunitarios y judíos extracomunitarios, el judaísmo laico ha perdurado durante años. Es indudable que lo que los judíos conservamos es el espíritu de una cultura, donde lo que ponemos en el centro —en esto coincido con Tomás— es lo contestatario, la resistencia, la búsqueda de la verdad, el concepto de justicia y la interiorización de la ley moral. La cultura judía es la primera en la historia de la humanidad que plantea la interiorización de la ley moral, donde el cumplimiento de la ley no viene dado por el castigo exterior sino por la interiorización de la ley moral. El castigo es interno y no solamente divino. Esto es un aporte fenomenal que hace la judeidad a la humanidad y lamento que haya habido judíos de este país —como Carlos Corach— que dejaron de ser judíos porque olvidaron que existía la ley moral como cuestión central de la judeidad.

La identidad judía es una identidad en conflicto para los judíos no religiosos y no comunitarios. Es una identidad en conflicto no hacia afuera, sino hacia adentro. Por eso, en respuesta a la pregunta referida acerca de qué es lo que yo conservo de la identidad judía, voy a decir lo siguiente: el otro día estábamos en un *Bar Mitzvah* muy tradicional, donde todo el mundo bailaba muy divertido. Mi marido y yo somos judíos y entonces le pregunté: "Carlos, ¿por qué no somos judíos?" Mi pregunta tenía que ver con una sensación nostálgica de no pertenecer ya profundamente a una tradición, con la cual sin embargo me emociono cuando me reconozco en ella. Cuando hoy veía un video, me preguntaba qué es lo que uno conserva de judío. Quizás lo que uno conserva es esa profunda emoción de ver a un tipo con *kipá* sabiendo que ya nadie en la familia va a usar la *kipá* y que posiblemente ningún nieto vaya a usar la *kipá*. Vaya uno a saber las vueltas de la vida, pero tal vez ese nieto para usar la *kipá* tenga que convertirse.

Para mi caso —y el de mis hijos— tomaría aquí la pregunta de Freud. No sólo fui destinada por mi familia sino que auto-asumí ser judía cuando me di cuenta que, de todos modos, mi pertenencia iba a ser conflictiva en el mundo, puesto que la errancia había comenzado porque yo era parte no solamente de una tribu, desde el punto de vista de la religión, sino que yo también era parte una humanidad que estaba en pleno naufragio. Precisamente, se trataba de una humanidad en la cual los ideales igualitarios de la Revolución francesa estaban siendo cercenados cada vez más, porque se estaban cerrando las puertas que posibilitaban su puesta en ejercicio. Con lo cual yo creo que la gran coartada de la dilución de la identidad particular en función del universalismo había naufragado en mí. Entonces, me planteaba que el universalismo sólo se puede construir sobre la base del reconocimiento de las diferencias. Por eso no quería renunciar a nada: ni a ser argentina, ni a ser judía, ni a ser mujer, ni a ser de izquierda ni a ser nada de lo que yo era. Quería conservarlo, aun si entrara en conflicto y me tuviera que desvelar durante noches para poder entenderlo.

Quisiera tomar un aspecto relacionado que está muy presente entre los judíos. Yo me he preguntado muchas veces cómo sería haber nacido sin la sombra de la *Shoah*. Es decir, ¿cómo vive un chico que no piensa en chicos que mueren en cámaras de gas? El tema de la *Shoah* es un tema que atraviesa nuestros pensamientos y que está en el fondo de nuestras cabezas casi diariamente. Esto es muy impresionante y, aún para quienes no lo vivieron, la *Shoah* es no sólo pasado, sino presente perpetuo y fantasma constitutivo. Esto se ve en la forma en que se inscribió la explosión de la bomba de la AMIA en los distintos sectores que fueron afectados por ella. Hubo, por ejemplo, judíos comunitarios que ligaron la bomba a la guerra en Medio Oriente y a la *Shoah*; hubo judíos no comunitarios que ligaron la bomba al terrorismo de estado y a la *Shoah*; y hubo gente que no judía, pero que ligó la bomba al terrorismo de estado y a la guerra de Medio Oriente. Pero no hubo un solo judío comunitario, extracomunitario, religioso o no religioso, que no hubiera tenido bajo el trasfondo de todos sus fantasmas a la *Shoah*. Después de Auschwitz los judíos somos otros, desde todo punto de vista. No sólo en lo que hace a la forma en que nos ubicamos en la humanidad, sino también en lo que hace a la forma en que nos pensamos a nosotros mismos.

¿Por qué ocurre todo esto? El yo de los seres humanos tiene una doble función. Por un lado tiene que lograr la autoconservación ya que uno no vive por reservas biológicas ni por instinto. En realidad, uno vive por sistemas de representaciones, de lo contrario nadie tendría miedo de que el colesterol lo mate. Esto no pasa con los animales. Por ejemplo, uno ve un huevo frito y piensa que es un misil. Pero los perros no. En el caso de los seres humanos la noción de muerte está ligada a representaciones. Hasta hace treinta o cuarenta años nadie vivía aterrado por estas cosas. La autoconservación del organismo forma parte de un sistema de representación acerca de la propia existencia. Uno sabe que existe, y que vive, del mismo modo que sabe que va a morir. El tema de la mortalidad de los seres humanos es algo central en las preocupaciones de nuestra práctica. Por lo tanto, la cuestión de la conservación de la propia vida es central. Pero la identidad no forma parte de la autoconservación, sino que la identidad es de la autopreservación. Una vez que se estructura, nadie puede privarse de ella sin el riesgo de desestructurarse como sujeto. ¿Qué quiero decir con esto? Simplemente que ser judío, argentino, mujer, hombre, o ser lo que uno considera que concierne al núcleo de sí mismo, puede en épocas felices ir sin contradicciones con la autoconservación. Así es como hay épocas en las que uno puede ser quien es y al mismo tiempo seguir viviendo. Sin embargo, hay épocas brutales de la historia, como la época del Holocausto.

En realidad está mal hablar de Holocausto, del mismo modo en que está mal hablar de "el Proceso", en Argentina. Hubo un momento en la historia del pueblo judío que correspondió al Genocidio. Pero este momento ya se había reiterado a lo largo de la historia. Lo que ocurre es que la *Shoah* llevó esto a niveles que deconstruyó la relación entre el progreso y la civilización. Si algo puso de manifiesto el nazismo no fue solamente la caída de la ilusión igualitaria, sino también la caída de la ilusión del progreso. Con el nazismo la tecnología estuvo al servicio de la destrucción más brutal, sobre todo en los modos científicos en que se implementó. De allí la importancia de Hannah Arendt, que ha trabajado tan bien con el tema de *la banalidad del mal*. Pero lo que esto puso en evidencia de una manera paradigmática es la caída de ilusiones. Del mismo modo, hubo otros episodios que también pusieron en evidencia algo de esto. Por ejemplo, la Inquisición también puso en evidencia mucho de todo esto. Los judíos han vivido en muchos momentos un dilema fundamental, que es el siguiente: seguir viviendo o seguir siendo. Ésta ha sido una situación dilemática que se ha planteado en los momentos del terrorismo de estado en la Argentina y en la *Shoah*. Aquí viene una cosa muy interesante, porque por primera vez en la historia no se pedía la conversión. Esto es lo paradigmático y extraño de la *Shoah*. Durante la época de la inquisición uno podía convertirse, con lo cual se entraba en un dilema entre *ser* y *existir*. En la época del Imperio romano, uno podía someterse. Pero en la *Shoah* no había manera de eludir el dejar de ser, de modo que no había opción posible. Sin embargo, ¿qué fue lo que ocurrió? Ocurrió que aquello que no pudo ser en aquel momento se produjo en muchísima gente de la judeidad posterior. Me refiero a la idea de que para seguir existiendo había que pasar totalmente a lo privado aquello que tenía que ver con el orden de la identidad. Por eso, entiendo totalmente lo de hablar en voz baja como si hubiera un peligro de que alguien esté escuchando. Pero el peligro es algo más grave, dado que tiene que ver con una posición vergonzante y, como decimos los analistas, con una identificación con el agresor.

Hoy no hay condiciones ni razones para elegir en este conflicto entre dejar de ser y dejar de vivir. Tenemos, al menos nosotros, la posibilidad de conservar ambos. Sabemos también que esto no es así para el conjunto de la humanidad. Hay muchísima gente que todavía está en el dilema de tener que dejar de ser o dejar de existir. Sabemos también que el proceso de subjetivación se plantea permanentemente. Sin embargo, si hay algo que es auspicioso, es la reaparición del sentimiento identitario más allá del nacionalismo. A mí me conmovió lo que dijo Tomás sobre el castellano, porque de alguna manera eso fue lo que llevó a Walter Benjamin a no aceptar el exilio en Israel, cuando todavía era tierra palestina. Benjamin no lo acepta para no renunciar a la lengua alemana. La lengua se había convertido en su territorio y Benjamin termina suicidándose a través de una sobredosis de morfina en la frontera de España, creyendo que lo venían a buscar. Por lo tanto, es verdad que la lengua es nuestro territorio. Pero también es cierto que tenemos derecho a otros territorios.

En ese sentido, tengo un profundo reconocimiento hacia la existencia del Estado de Israel. Por supuesto, no soy sionista. Me permito decir que duermo más tranquila sabiendo que está ahí y que he dejado de tener vergüenza por sus malas conductas, porque he llegado a la conclusión de no tengo que hacerme cargo de las barbaridades que haga cualquier judío. Durante años me he sentido obligada a ser más generosa, limpia, buena y noble para mostrar que yo no era "una judía despreciable". Pero ahora he decidido que si alguien piensa eso, lo va a seguir pensando más allá de cualquier cosa que uno haga. Si soy generosa, va a ser porque tengo ganas y si soy libre, será también porque tengo ganas. No tengo ninguna obligación de demostrar nada. He sentido una profunda vergüenza en el exterior por la corrupción menemista, y he sentido un profundo dolor por ciertos actos represivos del Estado de Israel. Pero no soy responsable de esos actos represivos del Estado de Israel, ni soy responsable de los actos inhumanos del estado argentino ante los cuales me he opuesto firmemente.

Como ustedes ven, traigo es un puñado de contradicciones que estoy dispuesta a seguir sosteniendo. Estas contradicciones son irresolubles, al menos en mi generación y al menos para mí. Me refiero a los que saltamos el círculo de tiza –pensando, por ejemplo, en Spinoza–, es decir, me refiero a los que ya no somos parte de esa comunidad que se siente partícipe y cerrada sobre sí misma. Para los que somos conocidos por lo que hacemos en la diáspora de la diáspora. Somos los judíos que hemos elegido pertenecer al mundo, como hijos de los que se enorgullecen tantos. Claro que cuando "metemos la pata", la pregunta es: ¿eso es malo para los judíos? Pero de todas maneras, me gustaría decir que más que el espacio público y el espacio privado lo que me preocupa es la forma en la cual la interioridad se encuentra en esta situación dilemática en la cual sabemos que no nos queda más remedio que pertenecer a nuestra tierra de nacimiento y a la tierra en la cual vivimos. No sé si ésta es la preocupación de Tomás, pero muchas veces yo me he preguntado dónde iban a enterrarme. Me he preguntado si me entierro con mis padres o me entierro para que algún día pueda estar con mis hijos. No sé si es claro lo que estoy diciendo. Es decir, mis padres están en el cementerio judío y creo que me corresponde. Tal vez yo sea la última judía de verdad de mi familia. Pero eso no quiere decir que no tenga muy claro que pertenezco a una tierra y que no estoy definida solamente por mi pertenencia a la comunidad.

Darío Sztajnszrajber – Fíjense el grado de relato puesto tan fuertemente en la primera persona. Es como que no se puede hablar de lo judío si no se habla de uno mismo. ¿Qué es en definitiva la identidad si no esa historia que nos contamos acerca de nosotros mismos? No me sorprende lo que dijeron Silvia y Tomás decir lo que dijeron, porque ellos son de una generación que, me parece, ha alcanzado un grado de claridad y de autoconciencia en los contrastes, que otras generaciones todavía no han alcanzado. Yo estoy preocupado por la temática de lo público o lo privado, mis dilemas pasan por entender por qué todavía no respondo cuando en el taxi se habla mal de los judíos. En cambio tanto Tomás como Silvia tienen más que claro cuál es el lugar en el que se colocan en relación a su judeidad.

Sin embargo no podemos dejar de ver que la cuestión de la identidad es también la cuestión del poder. En general, en los ámbitos en los que se escribe la historia oficial del judaísmo no se escuchan estos discursos. Para los que escriben la historia oficial, Silvia y Tomás no serían "buenos" judíos. Las normas las ponen otros y exigen cierto compromiso o cierta conducta de cumplimiento de una serie de preceptos, no necesariamente religiosos. Las instituciones judías se manejan ideológicamente con una serie de preceptos, de supuestos y de ideologías que están a la base de la apropiación del discurso del "buen judío". Esto no es algo particular de nuestro pueblo y no es algo particular de la identidad. Esto es algo que también pasa en el arte y en la filosofía. Quisiera ser judío como Silvia y Tomás. Hasta ahora me venía llamando judío laico y decía que mi laicismo pasaba por asumir esos contrastes. Sin embargo, como bien lo puntualizaron Silvia y Tomás, este judaísmo no oficial no puede desentenderse del discurso de los que manejan la "buena judeidad". Quizás aquí cuente el compromiso militante que uno tiene sintiéndose judío y con el hecho de dejar siempre bien en claro el lugar en donde está.

Tomás Abraham – No estoy de acuerdo con vos, Silvia, con una cosa. No es lo mismo ser "antitano", o "antigallego", que ser antisemita. Creo que se trata de otro tipo de integración. En algún momento dado, en Argentina, se dejó de ser "antitano". Sin embargo, nunca se va a dejar de ser antisemita. Lo "antitano" fue muy fuerte en la Argentina en las primeras décadas de la gran inmigración, pero después no. Dentro del nacionalismo católico hay muchos "tanos" y muchos gallegos. El judío ocupa otro lugar.

Llama la atención que hablemos de nosotros. Pero hablar de "yo" no es hablar desde uno. Hablar del "yo" sujeto es hablar de los otros. Es decir, en general hablo de mi experiencia para desmitificar que estoy en algún lugar supranacional o universal. Pero este yo es un cruce de lo que pasa en distintos niveles, es una dispersión. El yo es un nudo. ¿Cómo no voy a hablar de mi experiencia para situarme en un lugar académico, enciclopédico u objetivo? Creo que hablar de la experiencia propia no es hablar de una intimidad exclusiva, sino de algo que reúne. En ese sentido, creo que la experiencia es congregante. Por otro lado, como lo ha dicho Silvia, creo que el Genocidio cambió la historia y la memoria del judaísmo desde 1945. No sé si eso hoy en día define y resume con una sola palabra esta historia, subordinado todo lo anterior. Supongo que no es así. Hay un pensamiento judío expresado en muchísimas zonas culturales muy anteriores al Genocidio. Pero creo que lo que decía Silvia acerca de que en Alemania, a finales de la década del ´30, no se trataba si uno se sentía o no judío, o si creía o no en una religión, o si se había convertido o no, dado que uno era judío igual. Eso es lo que nosotros tenemos que asumir: somos judíos y después hacemos lo que queremos.

Yo no tengo ninguna duda de ser judío porque me daría vergüenza no serlo, como sí lo hizo en alguna época durante mi paso por la escuela secundaria. Creo que esto último nos debe haber pasado a casi todos. Pero ahora me da vergüenza al revés. Desde mi punto de vista no hay buenos o malos judíos, sino que hay judíos. En todo caso, habrá buenas y malas personas. El que considera que hay buenos y malos judíos es un tipo con el que me gustaría discutir qué es lo que él considera un ser humano. Un judío puede ser una persona muy religiosa que cumple con todos los rituales y ser, a la vez, un desgraciado con prójimo. Un judío puede no ir nunca al templo y ser una persona sumamente generosa. Sería muy bueno que los judíos –que conforman un pueblo históricamente mártir– sean generosos con sus prójimos, que no sean discriminatorios y que no sean racistas. Porque de hecho hay judíos racistas, que discriminan y que tienen prejuicios. Creo que el pueblo judío es el pueblo que tiene un deber. No sé si de un deber superior. De todos modos, creo que el pueblo judío tiene este deber de pensar y reflexionar, más todavía teniendo en cuenta una historia donde hubo tantas víctimas de esos mismos males que el ser humano provoca. No se trata de ir o de no ir a la sinagoga. Esto mucho más después de lo que pasó en el genocidio hasta 1945. Somos todos judíos y, en todo caso, después vemos cómo somos en el mundo. Pero la cuestión es que no nos identifiquemos con la judeidad en términos morales. Nos definimos en términos morales con respecto a nuestras conductas en general.

Aunque creo que la religión es puede ser muy dañina, la experiencia religiosa es casi parte de la condición humana. Esto último significa que en la vida hay un misterio, que no podemos comprenderlo todo, que hay algo que está más allá, que el ser humano es una gota en el océano del universo, que hay fuerzas que desconocemos, que no podemos manipularlo todo y que, quizás con una entrega de determinado tipo, podemos acceder a ciertos niveles de conciencia y aprender un poco más. A eso yo lo llamo mística. La mística, en sus distintas prácticas y en las distintas religiones, atraviesa justamente todos estos misterios. Así es como hay mística judía, cristiana o hindú, entre otras. La experiencia religiosa implica la aceptación de que no somos todo. Ahora bien, las religiones monoteístas son grupos organizados en un cierto sistema que logran o tratan de organizar comunidades. Por lo tanto, estas religiones tienen que ver con el poder. Este poder puede ser para bien o para mal. Hoy en día el recrudecimiento del lenguaje religioso en términos islámicos, en términos evangelistas y en términos judíos ortodoxos es una muestra de que hay mucho odio en la humanidad. Cuando las religiones establecidas preponderan en el universo del discurso, es que la gente se quiere matar. Eso no tiene nada que ver con el amor. Las guerras religiosas del siglo XVII en Europa terminaron con la mitad de la vida de la población del continente. Hoy en día el léxico religioso sirve para justificar la matanza. En ese sentido, no todo lo religioso me parece bueno.

Silvia Bleichmar – En primer lugar, en parte coincido con vos en que el antisemitismo no es igual a otras formas de discriminación. Por algo no hubo, prácticamente, sobrevivientes judíos en los campos de concentración de la dictadura. Pero al mismo tiempo creo que el país ha producido discriminaciones muy dolorosas que se siguen sosteniendo. Tengo cierta incomodidad cuando los judíos nos convertimos en el paradigma del sufrimiento humano y del que padece toda la humanidad. Tenemos nuestro propio sufrimiento y podemos tener algunas cosas paradigmáticas. Pero, como judía, me rehúso a convertirme en el paradigma de todo sufrimiento. En ese sentido, entre 2001 y 2002, hubo en la Argentina un sufrimiento espantoso y no fue precisamente algo que afectara particularmente a los judíos, sino a todo un sector del país que padeció enormemente.

La segunda cuestión tiene que ver con el tema de la identidad en positivo o en negativo. Es verdad que donde hay antisemitismo hay una identidad en negativo, construida por oposición. Es evidente que la identidad judía no ha podido dejar de constituirse por oposición después de la *Shoah*. Incluso aquellos que no son judíos han asumido la identidad judaica cuando se trataba de oponerse al Genocidio. Durante todo un período la identidad se manifestó como la identidad de la resistencia. Ustedes saben que en los chicos la identidad comienza por la negación y no por la afirmación. Uno sabe quién es porque sabe que no es lo que el otro quiere. Cuando uno puede decirle que no al otro es porque está afirmando la identidad. Claro que hay gente que sigue diciendo que no durante toda la vida porque nunca sabe lo que quiere. Pero digamos que lo ideal es que uno pueda llegar a saber qué quiere.

Lo que me preocupa en relación a mí –y a muchos otros judíos laicos, diaspóricos, o lo que fuera– es precisamente este problema de la identidad al positivo. A veces me da risa, porque parecería que es como ser de Boca: *"un sentimiento, no puedo parar"*. En todo caso, no sé bien qué quiere decir. Sé que esto tiene que ver con una tradición culinaria, pero cuando me encuentro con judíos sefardíes comemos cosas diferentes, con lo cual tampoco tenemos una tradición culinaria del todo compartida. Hace unos años conocí a alguien que era judío que nunca en su vida había visto lo que era un *knishe*. Lo que quiero decir es que hay distintos tipos de judíos porque inevitablemente la cultura a la que pertenecemos nos atraviesa. Esto es ineludible. Los judíos argentinos somos judíos argentinos. Lo que esto está marcando es una rebelión religiosa, pero al mismo tiempo una afirmación identitaria en conflicto. Mi pregunta, entonces, es la siguiente: ¿es necesario que yo logre la homogeneidad? ¿O precisamente la sabiduría de alguien como uno está en poder tolerar esta contradicción? La idea sería entonces no definir la identidad en negativo y saber que la identidad en positivo es una identidad contradictoria, donde hay momentos en que yo siento incomodidad por ciertas cuestiones.

Por ejemplo, yo detesto esa frase que hace alusión al "pueblo elegido". Me parece realmente una frase vergonzosa y creo que la verdadera generosidad histórica está en ampliar el horizonte del universo de lo que uno considera lo humano. Precisamente, ¿qué fue lo que marcó el nazismo? El nazismo marcó la reducción bio-política hasta los últimos términos. Es decir, marcó qué era lo humano y qué era lo no humano. Como dice Vladimir Jankélévitch, el derecho a la diferencia tiene que estar basado también en el derecho a la igualdad ontológica, vale decir, en el derecho a seguir viviendo con las mismas condiciones de existencia que los demás. Pero al mismo tiempo no puedo dejar de pensar que cada uno de los sectores que han sido atravesados culturalmente, tienen rasgos que son en positivo, no en negativo y esos rasgos que nos caracterizan coexisten en nosotros. Cuando uno va a un casamiento judío o a un *Bar Mitzvah*, es indudable que uno se emociona. Pero creo que todos nosotros nos emocionamos cuando escuchamos un tango en el exterior y todos nos emocionamos cuando vemos que se está vendiendo dulce de leche en París. Estas cosas —que parecen una pavada— tienen que ver con la identidad en positivo. Yo no quiero abandonar mis contradicciones y tal vez eso sea lo más judío que tengo. Tal vez lo judío es la no homogeneidad. Tal vez la discrepancia sea lo judaico. Donde hay dos judíos, allí hay algo que tiene que ver con la discrepancia. ¿Por qué? Porque el judaísmo educa en la pregunta y no en el dogma. Creo que por eso Tomás es filósofo y yo soy psicoanalista, y no es casual que lo seamos, porque de alguna manera fuimos educados en la pregunta y no en el dogma. Pienso un poco en las "roscas" que se armaban en la mesa de mi infancia y que mi padre aguantaba porque se sentía, de alguna manera, orgulloso por esa actitud contestataria de sus hijos.

Cuando hablo de las contradicciones quiero decir: es verdad, en la Argentina hay antisemitismo. Entonces estamos en tránsito en la Argentina o bien seguiremos luchando para que el concepto de humanidad sea cada vez más abarcativo. Me refiero al proyecto de la Revolución francesa. ¿A quién considera uno como semejante? ¿Todos los seres humanos son semejantes a uno? ¿Sólo un sector de la humanidad? Esto ha sido una pugna permanente en la historia de la humanidad. Yo tengo un ideal judaico que afirma que todos somos semejantes, pero también que todos aceptemos nuestras diferencias, porque la homogeneidad es una forma de la intemperancia. No digo que es una forma de la intolerancia porque detesto esa palabra. Creo que la tolerancia es la aquiescencia benevolente hacia lo que uno considera menos: "tolero aquello que pienso que habría que suprimir, porque soy tan bueno que lo soporto". La tolerancia es una palabra que tendría que desaparecer de nuestro vocabulario. Pero no se trata de ser tolerante, sino que se trata de reconocer las diferencias en el marco de la igualdad ontológica. Pero aquí hay un problema: ¿qué hacemos cuando las diferencias son asesinas? Es decir, qué hacemos cuando aquéllos que plantean las diferencias quieren aniquilar a los otros. Ahí se nos plantea otro problema. No nos engañemos. Hoy todos los judíos estamos frente a un problema gravísimo. Por un lado tenemos una profunda simpatía por los pueblos postergados del Tercer Mundo, pero por otro lado tenemos una profunda angustia e irritabilidad frente al terrorismo musulmán. No podemos negar que esa contradicción que tenemos adentro, nos corroe y nos hace estar todos los días definiendo cotidianamente nuestras acciones. Con esto no queremos ser santos ni ponernos por encima de la humanidad. Sin embargo, eso también es ser judío. Por lo tanto, yo diría que no hay doctrina oficial, puesto que cada uno tiene que ir eligiendo.

Tomás Abraham – Esto es un poco *off the record*. Silvia, yo te diría que a la idea de la identidad como oposición no habría que ponerla en tela de juicio. La mejor identidad es la de la oposición. Es decir, es lo mismo que la diferencia entre orgullo y dignidad. A mí me cuesta mucho estar orgulloso de algo, como por ejemplo estar orgulloso de ser judío o de ser argentino. Sin embargo, creo que la dignidad tiene algo de resistencia o de oposición. Soy judío en defensa propia. Hay muchas cosas que uno es en defensa propia. Ahora bien, el tema del mate, del dulce de leche, o del tango, creo que sí nos pone frente a una afirmación. Pero ahí nos enfrentamos con la muerte, es decir, con el olvido. Lo único que tenemos frente a la muerte y el olvido es la memoria. No se trata de orgullo, sino de un acto afirmativo. Al estar lejos, al no festejar un *Pesaj* desde hace muchos años, las cosas se nos van, la muerte empieza a dominarlo todo y aparecen el deterioro y la decadencia. Es por eso que afirmamos algo con la memoria. Creo que en ese sentido se afirma una identidad positiva, pero que es propia del hecho mismo de estar frente a la muerte o al olvido. Ése es el único lugar en el que yo puedo asociar una identidad que no sea de oposición.

Otra cosa para no olvidar es la siguiente. Nosotros discutimos, Silvia es psicoanalista, yo soy filósofo y nuestra identidad judía es un rasgo nuestro. Pero no nos olvidemos que venimos de comerciantes. A veces se trataba simplemente de gente que vendía y compraba porque no tenía tierra. Eso para mí es un rasgo de la judeidad inestimable. Somos comerciantes, como somos intelectuales.

Silvia Bleichmar – Yo le decía a Tomás que es cierto, que todos somos hijos de comerciantes. Pero todos eran filósofos y psicoanalistas o al menos pretendían serlo. Hay un chiste famoso que me gustaría contar aquí. Dos judíos están tomando té. Uno echa el azúcar en el vaso, da vueltas con la cucharita y le dice al otro: "*¿Sabés, Jacobo? La vida es como este vaso de té*" Jacobo contesta: "*¿Sí, Moishe? ¿Por qué?*" Y el primero le dice: "*Yo qué sé ¿Acaso soy filósofo, yo?*" Lo que quiero decir es lo siguiente. Creo que hay una práctica filosófica privada en la judeidad en la medida en que no hay dogma. Creo que eso está muy presente y ésa es la práctica en la cual se va planteando la pregunta. No hay respuestas homogéneas y por eso existe el *Talmud*. Yo creo que lo interesante de esto –siendo de alguien que viene ya de dos generaciones de ateos y de laicos– es que el modelo se repite más allá de los contenidos religiosos. De ahí lo extraordinario de transmitir estructuras generacionalmente más allá de los contenidos de los cuales se partió. Eso me parece extraordinario y creo que todos hemos heredado modos de pensar formas de la ética que garantizan cierta constitución subjetiva hereditaria. A propósito, tengo una anécdota muy divertida. Mis padres iban al cine tres veces por semana, porque no tenían televisión. Volvían de ver películas de Humphrey Bogart y decían: "*¡Qué psicología!*" Así es como en la familia somos tres psicoanalistas, nosotros los hijos, más nuestros respectivos cónyuges. Me parece que ahí hay algo que, más allá del comercio o la fábrica, se transmitía en la vida cotidiana de todos los días.

Público – ¿Qué opinan de la idea de "pueblo elegido"?

Silvia Bleichmar – La verdad es que mi judeidad se expresa permanentemente bajo modos de resistencia a la intolerancia. Esto tiene ver con el tema de los judíos comunitarios y los no comunitarios. De manera que respecto a ser elegido para lo que fuera es algo que tampoco me gusta. No me gusta, en ningún sentido, eso de ser elegidos ni para cargar con el peso de la Ley, ni para ser testigos para las prebendas. Creo que el pueblo judío ha tenido la enorme virtud histórica de haber traído por primera vez la interiorización de la ley moral en términos de letra y no en términos de imagen. Ése es el legado extraordinario de Moisés. Además, creo que ése ha sido el principal aporte del judaísmo a la cultura y a su historia. La verdad es que conozco tantos judíos deshonestos como cristianos deshonestos, pero no me parece que eso tenga que ver con ninguna elección.

Tomás Abraham – Con respecto a la vergüenza, quisiera decir lo siguiente. La vergüenza de la que hablamos nosotros es la propia de una minoría en un país que tiene una mayoría y una hegemonía clara en términos religiosos. Esto me pudo haber pasado a mí en algún momento con mi apellido y le puede haber pasado a un sinnúmero de personas. Le pasa a un israelí europeo o latinoamericano. Es decir, hay que ver si uno se quiere parecer al opresor o si, finalmente, se diferencia y se enfrenta al opresor. Ése es el tema. No se es culpable por sentir vergüenza sino por lo que se haga con esa vergüenza.

Por otro lado, con respecto a Moisés… La verdad es que con la figura de Moisés tengo una relación ambigua, igual que con Fidel Castro. Se parecen mucho… Por un lado, digo: "Mirá lo que hizo éste frente a todo el mundo, se la "bancó", liberó a su pueblo de la esclavitud". Pero a la vez, digo: "Pero mirá también qué hijo de puta que fue, qué autoritario, qué dictador, cómo hizo sufrir, cómo hizo disciplinar". Por eso digo que tengo con Moisés una relación ambigua. Es un personaje sumamente interesante, paradójico y un gran guía de pueblos. En ese sentido es que digo que se parece un poco a Fidel, con el que prefiero mantener las distancias, porque en realidad yo prefiero gente con un perfil un poco más bajo.

Público – Silvia: ¿Cómo se entronca tu planteo con el tema de la continuidad?

Silvia Bleichmar – La pregunta me interpela directamente. Cuando yo dije que voy a ser enterrada como la última judía no quise decir que no vaya a dejar un legado. Mi hija –que tiene un apellido que no es judío– me enseñó a decir la oración de las velas del viernes y me dijo:

"No quiero que se pierda algo que pasó durante tantas generaciones en nuestra familia y entre las mujeres". Estas cosas que ocurren en la familia son muy especiales. Esa elección de la judeidad es muy particular. Sobre la continuidad, no puedo decir qué van a tener en común mis nietos o con quién se van a llevar bien o con quién se van a casar. Francamente eso no me importa, aunque sí sé que espero que el legado que yo les dé a mis nietos tenga que ver con el humanismo judaico que recibí de mis padres, que sean gente de bien, que no sean fascistas, que tengan un espíritu humanitario y que crean en el Libro y en la Ley. En ese sentido, creo que yo transmito una herencia. Ahora, si eso tiene que ver con los nietos de otros judíos no lo sé. Creo que, por supuesto, con algunos esto va a tener muchísimo que ver. Asimismo, con algunos otros no va a tener nada que ver, del mismo modo que yo tengo mucho que ver con algunos judíos y no tengo nada que ver con muchos otros. Lo mismo me pasa con los lazos de sangre. Les tengo una profunda desconfianza porque son una flor de coartada para los egoístas. Cuando a uno le preguntan a quién quiere, la pregunta tiene que ver con qué lazos ha construido uno en la vida. Los lazos se construyen en la familia, fuera de la familia y se construyen también comunitariamente. Con lo cual, francamente lo que yo espero es que mis nietos se lleven bien con buena gente.

Público – ¿Qué piensan de los judíos que niegan su identidad?

Tomás Abraham – Creo que una cosa es la vergüenza de un indefenso que no sabe y se turba y otra cosa es algo calculado, que puede corresponder quizás a ciertos sectores arribistas o formar parte de una clase dirigente que, de ese modo, disimula de dónde viene. Creo que eso es claro. De todos modos, esto ocurre menos que en otras épocas. Me gustaría recordar lo siguiente. Una vez le preguntaron a Corach si era judío. Él dijo: "Sí, tengo origen judío". Eso de "origen judío" no es nada ingenuo. A mí me pasó algo muy particular cuando di clases en la Universidad del Salvador durante dos años. Cuando me presenté, me entrevistó el decano. Yo había presentado mi programa y resulta que el tipo me preguntó: "¿Usted es de origen judío?". Le dije que no, sino que yo era judío. Claro, eso del "origen judío" es como un modo fino de disimular algo que es como una joroba. Entonces, hay mucho de eso.

Pero ahora que la comunidad judía ha dejado de ser una minoría comunitaria y que ha sido reemplazada por otras –como la armenia– puedo decir que he encontrado a gente de la comunidad judía con poder que en todo caso trata de no hacer notar "eso", pero no de disimularlo. Pero sin duda que hay mucha gente que trata de hacerlo. Pero eso siempre ha sido así. Eso no es un fenómeno argentino. Digamos que el momento de la asimilación fue muy fuerte antes del Genocidio. Hubo muchos que se convirtieron, cambiaron su apellido y su religión, entre otras cosas. Pero no por eso fueron una miseria humana. Simplemente lo hicieron por arribismo o por ideología. Es decir, hubo de todo. En este momento yo no veo que esto sea un tema en la Argentina, en el sentido de que no hay grandes personajes judíos de los cuales uno descubre un judaísmo por detrás.

Silvia Bleichmar – Creo que lo peor que podría pasar es que haya un enfrentamiento entre judíos asimilacionistas y judíos comunitarios. Es cierto, el judaísmo se ha sostenido sobre la base del hecho de que algunos llevaron hasta las últimas consecuencias los preceptos que permitieron la continuidad. En ese sentido, tengo un profundo respeto y mucho agradecimiento a quienes lo hicieron. Pero una vez que uno salta el círculo de tiza, ya no se puede volver atrás. Diría que los judíos comunitarios deberían tener también el mismo respeto por los judíos que hemos saltado el círculo de tiza y que ocupamos lugares estratégicos en la sociedad no judía, lo cual permite también que toda la judeidad pueda sentirse orgullosa. De manera que creo que es una cuestión de respeto mutuo y de cariño a las funciones que cumplimos.

Público – ¿Podés explicar mejor, Tomás, la relación que mencionaste previamente, entre los judíos y el comercio?

Tomás Abraham – Bueno, es un legado como tantos otros. Se trata de algo histórico. Los judíos en España, fundamentalmente y durante el primer milenio de nuestra era, formaron parte de algo muy particular. Uno de los momentos más brillantes de la civilización judía se dio bajo el gobierno musulmán, con varios siglos de convivencia en una especie de "renacimiento iluminista", hasta que la reacción tanto islámica como cristiana acabó en la Inquisición. Allí los judíos tendieron una serie de lazos en el Mediterráneo que después, durante la edad moderna y especialmente en el siglo XVII, hicieron a la riqueza de Amsterdam o a la de Portugal. ¿Qué es ser comerciante? Simplemente es poner en contacto a diversos pueblos. No se trata solamente de vender y comprar sedas, sino de poner contacto pueblos, idiomas, palabras, territorios, geografías. Los judíos fueron muy hábiles en eso. Además, ¿cómo no iban a ser hábiles en eso si no tenían tierra? ¿Cómo no iban a ser hábiles en eso si el agua era su territorio? Más allá de eso, podemos decir que esto generó una tradición bancaria, financiera, comercial y, entre otros motivos, hizo también a una tradición médica. Porque no olvidemos que en esa época los judíos podían tocar el cuerpo y los cristianos no. Todo eso forma parte de nuestra dignidad, de nuestro acervo. El dinero es parte de nuestro acervo. Es decir, la ciencia es parte de nuestro acervo. Esto hay que decirlo en voz bien alta. El comercio es parte de nuestra historia y es de las partes más interesantes de nuestra historia, así como también lo son la ciencia y la sabiduría. Se trata de un solo conjunto. Es cierto lo que decía Silvia, ya que en muchas épocas –y no solamente entre los judíos– los comerciantes eran grandes eruditos. No solamente lectores de la Biblia, sino grandes eruditos. Los grandes amigos de Spinoza eran comerciantes y eran sus interlocutores filosóficos. Spinoza era un pulidor de lentes. Es decir, nunca hubo esa dicotomía que después el prejuicio de la Ilustración intelectual y de ciertas vanguardias trazó entre el comerciante y el intelectual, entre el dinero y lo intelectual. Nosotros los judíos pudimos conjugar eso bastante bien, por suerte.

Público – ¿Cómo ven la realidad de los judíos en la Argentina de hoy?

Tomás Abraham – Vivimos una situación en la sociedad argentina que se la debemos a una desgracia, que es la de la AMIA. Después de la AMIA la sociedad argentina, a través de sus clases dirigentes, tuvo ese forúnculo en la frente. Aquí el antisemitismo fue puesto debajo de la alfombra porque, el crimen de la AMIA, fue un tema nacional. Esto no habla mal de las personas que reivindican su judaísmo al asumir posiciones de poder.

Silvia Bleichmar – Yo no estoy de acuerdo con lo que dice Tomás. Nunca los atentados antisemitas han producido una disminución del antisemitismo. No creo que esto sea así, sino que es efecto de algo diferente. Se ha cambiado la ley de la Argentina que decía que el presidente tenía que ser católico. Es más, me he preguntado si el hecho de que por primera vez haya ministros y secretario de educación judíos no es porque en realidad la educación pública está hecha pelota, con lo cual ella ha dejado de ser un aparato de formación de subjetividades y por eso la Iglesia deja de disputar la educación pública. En todo caso, ésas son preguntas que uno se hace. Pero yo no creo que esto se deba al atentado de la AMIA. Yo creo que es un profundo movimiento de avance. Sin embargo, esto no quiere decir que no se pueda retroceder. Uno ha visto en la Argentina estos movimientos de avance y retroceso, como también se han visto en la historia en general.

Público – ¿Qué opinan del tema de Medio Oriente?

Tomás Abraham – Yo creo que ése es un tema sumamente complejo, que tiene que ver con la geopolítica. Creo que Israel no es el tema, sino que el tema es Medio Oriente. Medio Oriente es el depósito de la energía de la humanidad. Ahí están el petróleo y el uranio. Es un tema que atañe, sobre todo, a los poderosos del mundo. Hay una mano puesta allí que no se quiere soltar. Israel pertenece a ese mundo sumamente conflictivo. Desgraciadamente, por ahora no va estar en manos de israelíes y palestinos el poder resolver sus propio problemas, porque integran esa especie de succión que ya lleva muchísimas décadas de lo que es el oro actual. La estabilidad de la región es una exigencia de los Estados Unidos, lo que significa mantener cierto *statu quo*. Es muy difícil que la relación entre palestinos e israelíes mejore si todo el resto sigue igual. Sin duda que entre los judíos hay gente que quiere una confraternidad con los palestinos y debe haber gente entre los palestinos que también quiere una confraternidad con los judíos. Pero hay también gente que quiere guerra, hay gente que quiere espacio vital y hay gente quiere venganza. Pero en este conflicto –que es un conflicto de tira y afloje– hay toda una serie de tendencias xenófobas y nacionalistas pretendiendo legitimación nacional y religiosa. Por eso es muy difícil –aunque no imposible– que la gente de buena voluntad como Daniel Barenboim o

Edward Saïd hagan su camino en un mundo donde se está jugando el oro del mundo. Creo que no hay que olvidar qué es lo que allí está en juego.

Público – Mucho se discute sobre la actitud doblemente cruel que hubo con los judíos en la Dictadura...

Silvia Bleichmar – Hace un rato yo dije que el antisemitismo de las fuerzas represoras argentinas durante la Dictadura, estuvo marcado por el hecho de que no hubo sobrevivientes judíos en los campos de concentración de este país. Eso quiere decir que el número de desaparecidos tenía que ver con dos cosas. Por una parte, no nos equivoquemos, hubo un porcentaje muy alto de militancia judía durante los años previos a la dictadura. Hubo una militancia muy alta, sobre todo a nivel universitario y profesional. Esto marcó el carácter doblemente sacrificial que hubo dentro del proceso represivo argentino. A tal punto esto es así que sabemos que en muchos centros de detención había retratos de Hitler y que muchas veces a los judíos se los recibía con el saludo nazi cuando eran llevados a los campos de detención. De manera que eso no es casual. Pero yo diría que además de la ideología fascista de la Dictadura está presente el hecho de que todo aquél que tenga una postura sádico-represiva, tiene un liderazgo importante en Hitler, que aparece como un ícono desde el punto de vista del sadismo represivo.

Tomás Abraham – A mí no me llama la atención que los torturadores de las fuerzas armadas argentinas fueran antisemitas. Eso es obvio, dado que la enseñanza en el Colegio Militar era la de odiar a los judíos. De manera que si tenían a Timerman ahí, lo reventaban doblemente. La iglesia católica no les iba a decir que no. Creo que de eso no tenemos que preguntarnos gran cosa, sólo no debemos olvidar que fue así. La pregunta sería si eso ha cambiado. Por lo que ha pasado en el ejército en los últimos tiempos, diría que no. El ejército siegue haciendo las mismas cosas de siempre. Hubo algunos conflictos entre el poder ejecutivo y el ejército a propósito de ciertas frases y cosas por el estilo. Eso es parte de nuestra realidad. Al mismo tiempo, la nuestra es una sociedad que ha recibido a todos los inmigrantes, de modo que se trata de una sociedad sumamente generosa. Pero bueno, eso es la Argentina. No ha habido ghettos y en la misma calle han convivido comerciantes de todas las nacionalidades. Es decir, no podemos decir que en la sociedad argentina haya habido un antisemitismo porque todos vinieron para acá. Pero al mismo tiempo hay que decir que entre esos que vinieron había de todo: vinieron franquistas, vinieron nazis, vinieron croatas, vinieron judíos, entre otros. Por eso ésta es una sociedad sumamente rica y diversa. Ahora bien, en los lugares de poder como el ejército ocurren cosas muy particulares. Por la formación que se recibe en el ejército, podemos decir que allí hay —al menos desde los años '30— un caldo de cultivo para el fascismo. Es la misma cosa de siempre. Por otro lado, dentro de la iglesia católica hay de todo. No es únicamente un jerarca que está gritando en contra del aborto. En la Iglesia uno puede encontrar gente muy generosa, que trabaja mucho con los pobres. Pero no hay que olvidar que en la sociedad argentina tenemos ese pasado, que no ha sido totalmente superado. A mí no me sorprende para nada que en el campo de concentración de La Perla a un judío lo patearan dos veces más. La verdad es que uno no quisiera seguir recordando más este tipo de cosas…

Público – ¿No les parece que pusieron demasiado el acento en los judíos y su relación con el comercio, cuando los judíos hemos dado a la humanidad infinidad de científicos, pensadores y artistas?

Tomás Abraham – Nosotros no hemos hablado de comerciantes así sin más, sino que hemos dicho que entre los judíos ha habido gente de todos los terrenos, áreas y valores. Hemos mencionado a médicos, científicos pero también debemos recordar que ha habido gente deleznable. Acá no es cuestión de decir que los judíos inventaron la vacuna tal y cuántos católicos inventaron otras vacunas. Inventar una vacuna no es una posición religiosa, sino que es una cuestión que hace a la labor del científico, que para eso ha trabajado mucho. Quizás si un científico descubrió una vacuna no lo hizo por ser judío, sino por el hecho de ser médico.

Silvia Bleichmar – Yo creo que Tomás apuntó a algo muy importante con todo esto y que es lo siguiente: ¿por qué tenemos siempre que estar demostrando que no somos comerciantes sino que somos científicos?

Somos un pueblo que ha tenido un destino, una historia, y una forma de vivir. Cuando yo bromeé, diciendo que además de ser comerciantes también eran filósofos y psicoanalistas, quise decir que no tenemos por qué avergonzarnos de las generaciones que comerciaron. En todo caso, tenemos que rescatar nuestra propia historia, con la vacuna, con el comercio o con lo que fuera. De lo que se trata es de producir bienes para la humanidad y en ese sentido debemos dejar de tener esa actitud vergonzante de tener que mostrar que no queremos saber nada con el dinero. La de Tomás me parece una respuesta realmente muy digna, en relación a no asumir las imputaciones del antijudaísmo.

# Mixtos: familia y diferencia

*30 de Mayo de 2006*

## Disertantes: Alicia Dujovne Ortiz, Ricardo Forster, Baruj Plavnick

Darío Sztajnszrajber – El tema es interesante, complejo y polémico. Se trata de permitirnos abordar ciertas temáticas que a veces la institucionalización no permite. Cuando hablo de la institucionalización me refiero, más allá de lo se entiende por instituciones orgánicas, a cierta institucionalidad que tenemos en el cerebro y que nos impide trabajar ciertas aperturas. El tema "mixtos" genera siempre, lamentablemente, una reacción visceral, ya sea de adhesión o rechazo. Me parece interesantísimo poder reflexionar sobre el tema y debatir, trascendiendo esa dicotomía. Le doy la palabra a Alicia Dujovne Ortiz.

Alicia Dujovne Ortiz – Como mi nombre lo indica, soy producto de un matrimonio mixto, de manera que no puedo más que estar a favor de ellos.

Voy a hablar de mi propia experiencia. Pienso que el motivo por el que jamás viví el problema de la división en dos pedazos, el ser una mezcla rara de "museta" y de "mimí", se debe a que mis padres se conocieron en el Partido Comunista, cosa muy común en los años treinta, ya que en su seno había más de un matrimonio mixto. Como pertenezco a una familia bastante civilizada, tanto de un lado como del otro, estuve siempre protegida por la burbuja de un grupo social de intelectuales de izquierda y, por esa razón, el conflicto entre una parte y otra no se planteó. Es evidente que yo sentía, en las dos familias, pizquitas de algo. Mi *bobe* no me quería tanto como a mi prima enteramente judía, con lo cual me salvé de los pulóver color rosa viejo que a ella le tejía. Mi abuela del lado cristiano, que no era persona de iglesia, estaba encantada con el casamiento de su hija con un judío comunista, por el sencillo motivo de que era una viuda con cinco hijas solteras. Entonces apareció mi papá y era el santoral reencontrado. Se podía sentir un antisemitismo visceral, no conciente, en algunas de mis tías más viejas, pero de todas maneras la sangre no llegaba al río.

En realidad sentirme sapo de otro pozo no venía, o no solamente, por la condición de mixta, sino por ser hija de ex comunistas. Ni enteramente judía, ni enteramente cristiana, pero tampoco enteramente comunista porque mis padres lo habían sido antes, pero ya no. Era bastante difícil la definición. Cuando Perón impuso la enseñanza religiosa en las escuelas, ese momento dramático en el que las chicas no católicas tenían que salir al patio, no había otro espacio que el patio para la diferencia. Entonces las chicas judías, y la única protestante que salían al patio conmigo, me decían: "bueno, pero entonces si vos salís, quiere decir que sos judía". Yo decía "No, soy atea y comunista".

El hecho de haber vivido bien mi condición de "medio", se lo debo al infinito orgullo que tenía mi madre por haberse casado con un judío comunista que, además, había estado preso en la cárcel de Neuquén. Esto último me lo transmitía con tanto orgullo, que yo contaba por todas partes que mi padre estaba preso en la cárcel de Neuquén y que yo era comunista y medio judía. Todo eso era vivido como algo que acentuaba mi diferencia en un sentido excitante y novelesco. Lo sentía y lo vivía muy bien.

La cuestión de ser judía (o medio judía), no se planteó de todas maneras, hasta mucho más adelante, porque mi padre comunista no se sentía judío. El tema no parecía rozarlo demasiado. Curiosamente el elemento judío apareció en mi familia a través mío, cuando, gracias a una prima que se fue a Israel, al ejército, empecé a escuchar música israelí. Eran canciones fuertes y entré al judaísmo por el lado heroico y marcial. Tenía diecisiete años y sentía por mi prima una enorme admiración, por lo que, y a pesar de no haber tenido jamás la menor formación judía (ni católica), la primera vez que por casualidad resonó cerca de mi oído, música *idish*, música *klezmer*, se me despertó el tema milagroso de la supervivencia y del amor a lo judío. Esa música se me derramó en las venas con una intensidad tremenda y aún es la música que me hace vibrar.

Entonces el tema surgió mucho después porque hubo un momento que dividió nuestra vida en dos: la Guerra de los Seis Días. Cuando estalla la Guerra de los Seis Días, no encuentro, para apoyar al Estado de Israel del que sabía muy poco, nada mejor que meterme en la cama y llorar durante los seis días. En ese momento mi padre se me empieza a acercar y hablar de este tema con mucho asombro. Él se acercó a lo judío, y a Israel, recién a partir de ese momento y a través mío. Mi madre, que siempre había estado muy orgullosa de estar casada con un judío comunista, empezó a decir: "bueno, yo me casé con un hombre, no con un judío". Hubo ahí también como una pizquita de celos, más que otra cosa, pero tampoco en este caso la sangre llegó al río.

En Buenos Aires, protegida por esa burbuja, no sentí el antisemitismo como lo sentí en las provincias argentinas, o en París, donde vivo desde hace veintiocho años, donde, la gente como uno, la gente de izquierda, tiene un viejo antisemitismo mucho más fuerte que el que yo sentí nunca en mi país. También he sentido un antisemitismo leve, el de la gente que me conoce desde hace muchos años, amigos míos argentinos, que saben que también me llamo Ortiz, y tienen una tendencia a negar esa segunda parte, como si dijeran: "si se llama Dujovne, en realidad, no se puede llamar Ortiz". Me siguen preguntando, después de mil años de conocerme, si Ortiz era mi marido. Entonces yo les contesto no, que Ortiz era mi mamá y que he asumido el ridículo de firmar con un doble apellido totalmente absurdo puesto que el doble apellido en la Argentina significa ser de clase alta. Lo he asumido de nuevo por un problema de orgullo de mis padres. Cuando escribí y publiqué mi primer poema me llamaron a su presencia y me dijeron: "nena, nosotros queremos que todo el mundo sepa que sos hija nuestra". Mi madre era escritora y se llamaba Alicia; mi padre fue un editor comunista y se llamaba Carlos Dujovne. Los dos estaban en la muerte civil, porque después de irse del Partido Comunista, lo que queda es la soledad más total y absoluta. Yo salí al mundo y ellos querían que todo el mundo supiera que era su hija. De modo que lo asumía como entendiendo su orgullo.

Es evidente que en algún momento he sentido, como todo el mundo, una especie de envidia por las identidades seguras. Una envidia absurda porque me pregunto: ¿cuál es el judío que no es mixto? Basta con darse cuenta de que nunca decimos judío, sino judío español, argentino o ruso. Aunque no sea en nuestra sangre, todo judío es mixto por el hecho de que además de ser judío pertenece a otro lado. Recuerdo los chistes que hacíamos los escritores judeo-latinoamericanos en Israel, durante una invitación que nos habían hecho la Universidad Hebrea de Jerusalem. Saúl Sosnovski, profesor de Literatura Latinoamericana en la Universidad de Maryland, tenía toda una teoría de los guiones. Ahí la única que tenía un guión incorporado era yo, Dujovne Ortiz, pero todos los demás tenían apellidos absolutamente judíos e igual, tenían guiones, porque todos venían de un país que hacía necesario especificar: judeo-colombiano, judeo-mexicano, etc.

Creo que ser medio judía me ha convertido, en cierto sentido, en doblemente judía o exacerbadamente judía. Tengo la capacidad, que probablemente venga un poco del Dujovne y del Ortiz, de poder ver las cosas bajo dos ángulos diferentes. Suelo no entender de qué discuten dos personas que aparentemente están diciendo cosas opuestas. Una vez estaba hablando sobre Eva Perón en Brasil y sufrí la agresión que suelo sufrir cuando hablo en público. Ya he identificado al tipo de persona que me agrede en esa situación. Se trata siempre de un hombre, gordo y peludo. El gordo peludo brasileño estaba allí mientras hablaba sobre Eva Perón. Yo estaba diciendo cosas intermedias, dobles, que chocan e irritan tanto a la gente que necesita un solo eje, una sola idea. En un momento dado el gordo me interrumpe y me dice: "¿usted es judía?". Le contesto "sí, ¿por qué me lo pregunta?". Él me responde: "porque se nota en su manera de pensar, no se sabe qué piensa, si está a favor o en contra de Evita". En ese momento entendí lo que tenía que hacer. Fue la primera vez en mi vida que eché a alguien de un recinto. Le dije "usted se va, yo con usted no puedo hablar". ¿Qué quería decir eso? Él había sentido que yo estaba reflexionando de una manera judía, doblemente judía, porque estaba reflexionando como efectivamente reflexiona lo mejor del judaísmo. Lo mejor que tiene el tipo de reflexión judía es el yo y el tú, el diálogo. Entonces, digamos que he tenido la gran suerte de nacer con el diálogo judío incorporado.

Baruj Plavnick: La cuestión de los matrimonios mixtos debe ser contextualizada en relación al concepto de judaísmo y al concepto de la diáspora. Así que primero voy a hablar de qué es el judaísmo y después voy a referirme al tema de la diáspora.

Los procesos sociales y políticos al comienzo de la Modernidad occidental, determinaron que el judaísmo fuera conceptualizado como religión. Desde el siglo XIX ser judío era equivalente a ser de fe mosaica. Es decir que, como subconjunto de la religión, ser judío era similar a ser luterano, metodista o católico. La Modernidad, entre otros cambios que impulsó, confinó a la religión al ámbito de lo subjetivo y personal, proclamando la libertad de conciencia. Así se abrió un nuevo subconjunto: el de los laicos. En el sentido original, laico era también, por oposición, un subconjunto de la categoría religión. Una persona puede ser judía, cristiana, budista, musulmán o laico. Es decir, no adherido a ninguna religión. Esto estaba muy bien entonces y después de siglos de guerras en Europa, en donde la excusa religiosa fue una de las preferidas para guerrear, podía considerase un progreso. Pero los judíos no estábamos conformes. El problema no venía de los rabinos y dirigentes judíos que aceptaron el cepo de la definición del judaísmo como una religión, sino de judíos laicos. Nombremos, por paradigmáticos, a Theodore Herzl, Sigmund Freud o Albert Einstein, que insistían en ser laicos y judíos. ¡Vaya atrevimiento! Eso sí era subversivo. Judío y laico era, para el paradigma occidental y moderno, algo ilógico y absurdo, como decir, al mismo tiempo blanco y negro, comunista y capitalista, anglicano y católico, o bien alemán y francés. Laico y judío era absolutamente incompatible, salvo para la tozudez judía que insistía en ser judío sin observar la religión.

Más tarde, la Iglesia Católica, en su afán de abarcarlo todo captó el concepto laico y lo consagró, en el Concilio Vaticano II, como el status de cristiano laico diferenciándolo del clero. Eso sumó a la confusión porque se apropió de una noción concebida para oponerse al cristianismo y la deglutió. Yendo al grano, quiero decir enfáticamente —Dios nos guarde!— el judaísmo no es una religión. No es una religión, no lo fue y no lo será, a menos que la ortodoxia se imponga y logre cristianizar al judaísmo. Considerar al judaísmo como religión ha sido uno de los errores más trágicos para judíos y no judíos en los últimos doscientos años. El sionismo logró una solución política, pero esencialmente es la denuncia de que el judaísmo es mucho más que una religión. Ajad Ha-am y Mordejai Kaplan fueron superados por los acontecimientos del siglo XX, pero merecerían muchísima más consideración en el siglo XXI. El judaísmo no es una religión y ésta no es una opinión subjetiva. Es una apreciación fundada en la observación de lo que veo en la realidad. Ser judío no es algo personal, ni optativo, ni voluntario. Ha sido siempre algo óntico, somos ontológicamente judíos. Ser judío es una condición; una de las maneras, dentro de las muchas maneras de ser persona, pero claramente no es una manera sujeta a elección, o a la voluntad, sino que es una condición objetiva. Un judío, en principio – *"lejatjila"* (es una categoría talmúdica) es judío, como un varón es un varón, como una mujer es una mujer o como un homosexual es un homosexual. Tampoco es una condición individual. Es una condición relativa a otros a los que se está asociado recíprocamente. Esos otros, asociados y determinantes de que yo y todos los judíos seamos judíos, incluyen a los que nos precedieron en la vida.

Por eso dentro del léxico de la Modernidad, me parece más apropiado utilizar el término identidad para referirnos al judaísmo. La identidad tiene tres componentes fundamentales:

1) lo que creo que soy,

2) lo que los otros que son mis contemporáneos creen que soy

3) y lo que las leyes y tradiciones culturales dicen que soy. Estos últimos son los otros que me precedieron

En la identidad judía sólo este tercer ingrediente tiene relación con la religión. En el judaísmo que germinó en los tiempos patriarcales y se afianzó a través de la historia, los conceptos acerca de Dios fueron uno de los ingredientes aglutinantes. Pero aún para los profetas bíblicos y los rabinos talmúdicos, creer o no creer, practicar o no practicar, no tenía que ver con ser o no ser. Soy judío, luego pienso lo que soy.

Ahora, hablemos de la diáspora. Para una gran parte de la tradición judía, y en particular la tradición mística, la diáspora es un concepto muy positivo. Es el lugar de exilio de "la *Shejina*". La primera diáspora es la de Dios. Dios está en el exilio, pero, lejos de ser una condena, es el modo en que Dios deviene Dios y realiza la creación. Me gustaría hacerles notar que, en hebreo, la palabra diáspora se dice *galut* y pertenece a la misma raíz semántica que la palabra *"itgalut"*, que quiere decir revelación. La cuna de Israel es la diáspora. En la misma *Toráh* se describe, (párrafo que leemos en la *Hagadá de Pesaj* todos los años): "mi antepasado fue un arameo errante que descendió a Egipto y allí se convirtió en una nación poderosa y numerosa". La expresión hebrea es *"atzum"*, para decir poderosa, y *"rab"*, para decir numerosa. Pero atzum también es *"atzmí"*, independiente, personal, esencial. Numerosa, *"rab"*, quiere decir también sabia, magistral.

Abraham es el paradigma del judío errante. A diferencia de Teraj, su padre, admite su condición de nómade y no se queda en la ilusión que alguna tierra pueda ser su patria. El error de Teraj, lo reiteran Lot en Sodoma, los judíos de España, los judíos de Alemania y, tal vez, hoy algunos judíos de Nueva York y Buenos Aires. El primero que cometió ese error fue "Caín", cuya ambición y codicia lo llevó a la ilusión de la apropiación.

Hay un lado negativo en la diáspora. El exilio de Caín es un ejemplo de esa diáspora de signo negativo. Es la diáspora de Elisha ben Abuia – *Ajer* (el extraño, no el extranjero). Aquél cuyo nombre no es ningún nombre. No es lo mismo ser errante que ser vagabundo. Un judío errante va de un lado para otro porque ningún lugar es definitivo. Para el judaísmo la patria no es un valor sagrado. Nosotros no cantamos himnos a la patria, cantamos himnos al nombre *"Ha Shem"*.

El *Galut*, la diáspora, tiene un lado oscuro. El *Zohar* lo llama *sitra ajtra*, el otro lado oscuro. El exilio, como contaba magistralmente Rabi Najman de Bratislava, tiene un lado corrupto y cruel, con un poder atroz. El exilio es dispersión, desarraigo, proscripción, división y fragmentación. Pero la *Gola*, la diáspora, no es el exilio negativo sino el espacio abierto al descubrimiento y la revelación. La *Toráh* fue dada en el desierto, un espacio que nadie puede reclamar como propio. El desierto es otro de los modos de llamar a la diáspora. La *Gola* está en el destino de Israel porque la redención no es sólo para nosotros sino para todos. Parafraseando a Abraham J. Heschel, la misión de Israel es dar testimonio del origen divino de la existencia y el destino elevado del ser humano. Debemos reivindicar el lugar de la diáspora junto al Estado de Israel.

Israel no puede realizarse por oposición a la diáspora. De ese modo sería otra diáspora más, tomando una expresión de Janan Nudel. La tierra prometida no es el lugar donde emplazar una Torre de Babel, sino un punto de referencia para la reunión de los dispersos. Como la casa familiar tiene un lugar, como la casa de los abuelos es un lugar de reunión de la familia, la diáspora ha sido muchas veces desarraigo y proscripción, pero también es *Talmud* y *Zohar*. Sabiduría y esplendor. La diáspora es el espacio abierto al descubrimiento y la creación.

Finalmente está el tema de los matrimonios mixtos. Éstos no son una amenaza para la continuidad del pueblo judío ni del judaísmo. Hay que sacar el tema de los matrimonios mixtos y la asimilación del centro de la agenda comunitaria. Como tema recurrente sirve para eludir otros temas. El pueblo judío siempre mantuvo un equilibrio ecológico. Siempre hubo hijos del pueblo judío que salieron del pueblo judío y siempre hubo hijos de otros pueblos que se unieron al pueblo judío. La presencia del pueblo judío en la historia de la humanidad nunca guardó una relación con la cantidad, con el número. Hace veinticinco años atrás, desde el púlpito de Bet-El, pensaba en mis tres hijas. No sabía si ellas se iban a casar con judíos. Acaban de nacer mis primeras nietas, son mellizas y no puedo garantizar que ellas se casen con judíos. Lo que puedo garantizar es que mis hijas son muy judías y mis nietas también lo son y lo serán.

Hace algunos años trabajaba en una escuela donde en las reuniones de dirección se hablaba mucho de educación, pero en esas disquisiciones nunca se llegaba a hacer nada con los docentes y con los alumnos. Hay que dejar de hacer discursos sobre judaísmo y en lugar de exponer opiniones, hay que practicarlas. El judaísmo es un legado, es una herencia que recibimos. Hay que hacer algo con ella, no alcanza con admirarla.

En la Modernidad, donde la autonomía individual es una conquista humana, en Israel o en la diáspora, los matrimonios mixtos son y serán un dato de la realidad. Algunos de esos matrimonios serán judíos y otros serán otras cosas. Cada caso es un mundo y no se puede aplicar automáticamente recetas universales.

Desde mi perspectiva los matrimonios mixtos no son un problema para la colectividad. Pueden tener problemas entre ellos, o entre ellos y sus familias de origen, pero esos son temas de pareja o temas de familia, no de la colectividad.

Hay matrimonios judíos a los que no les importa ser judíos. Como dirigente comunitario, ellos no son mi problema.

Hay matrimonios mixtos que quieren integrar el pueblo judío. Ellos sí son de mi incumbencia.

El pluralismo, como valor, es uno de los aportes positivos de la Modernidad y la experiencia "galútica" del pueblo judío sirve para cultivarlo. Creo en la fertilidad del debate para acercarnos a verdades y certezas. La condición judía puede adoptarse o abandonarse, pero no por un mero acto de voluntad. Como uno es parte de una familia, ya sea porque nació dentro de ella o porque se casó con ella, ser judío es un dato de la realidad que se lleva por nacimiento o identificación. Esa pertenencia viene acompañada de historia y de leyendas, de ideologías, de memorias y de anhelos, nadie puede vivir sin su historia, pero tampoco se puede vivir en la nostalgia. La primera mitad del siglo XX con su carga trágica, y a la vez heroica, tal vez determinó que la segunda mitad fuera tan nostálgica. Espero que el siglo XXI para el pueblo judío sea un siglo de mayor creatividad espiritual y moral.

Darío Sztajnszrajber – Gracias Baruj, has dicho cosas más que interesantes para el debate posterior. A mí personalmente me has sorprendido mucho. Coincido, te diría, casi en un noventa y ocho por ciento con lo que has dicho. ¡Jamás me imaginaba coincidir tanto con un rabino! Habrá que reformularse qué es un rabino, un gran tema pendiente de las comunidades y los liderazgos.

Ricardo Forster – Escuchaba las palabras del rabino e iba intuyendo hacia dónde se dirigía. Cuando dijo que iba a entrar por "judaísmo y diáspora", una cantidad de nombres vinieron rápidamente a mi cabeza. Efectivamente, el judaísmo no es una religión. El judaísmo es una experiencia histórica, un modo de atravesar la vida, un arraigo y una pregunta. Edmond Jabés, uno de los poetas esenciales del siglo XX, fue un judío egipcio que habitó lenguas. Habitó el árabe, pero esencialmente convirtió al francés en su lengua poética, en su lengua materna e hizo una de las poesías judío-francesas-egipcias ecuménicas más extraordinarias. Edmond Jabés, exiliado de Egipto, doblemente exiliado porque ya estaba exiliado en Egipto, fue, otra vez, habitante del exilio. Podía haber optado por ir a Israel y, sin embargo, optó por ir a la tierra de la lengua materna, de la lengua poética. Pensaba, con Edmond Jabés, que somos hijos de una lengua, que estamos circuncidados por una lengua, que somos hijos de memorias, de arraigos, de pérdidas y que también somos, esencialmente, un pueblo de preguntas. Un pueblo que atravesó el desierto porque, de alguna manera, intuía que en el desierto no se guarda ninguna certeza, no se guarda ninguna verdad, no se guarda ninguna imagen que pueda cristalizar de una vez y para siempre. El deseo del desierto es el deseo de la pregunta, de caminar, de fugarse de lo establecido, de lo conocido, de lo hecho de una vez y para siempre.

Otro poeta judío habitó una lengua que le dolió en el alma y fue la lengua alemana. El poeta se llamaba Paul Celan. Sus padres fueron asesinados en la *Shoah*. Paul Celan no escribió para reconciliar al alemán con la humanidad, no escribió para reinventarse como judío, ni para recuperar al Dios del humanismo. Tampoco para hurgar en una religiosidad herida, ni para salvar la tradición mancillada de Goethe, de Schiller, o de Hölderlin. Escribió para hacer de la lengua, la memoria de las víctimas. Escribió para habitar la lengua como una exigencia ética y para decirles a todos aquellos que suponen que se puede reparar, que no hay reparación cuando el dolor ha trabajado hondamente el cuerpo. Entonces, el judaísmo es Edmond Jabés habitando el francés; es Paul Celan escribiendo su poesía en alemán, dejándose impregnar por una lengua a la que tiene que atravesar con una púa para desgarrarla y llegar al hueso, y que diga lo que ha sido.

Pensaba en lo judeo-argentino, en la diáspora y en mi familia. Somos cuatro hermanos, mi hermano mayor está casado con una mujer de origen italiano-católico y mi hermano segundo atravesó distintos matrimonios en sus travesías. Estuvo casado con una mujer de madre judía y padre católico, con una mujer de padre judío y de madre católica y, por último, con una mujer que es absolutamente de madre y padre católicos. Mi hermano menor se buscó una belga protestante. Yo, por esos destinos locos de la vida, me traje una rusa puramente judía. Mis padres, que nos aman absolutamente a los cuatro, que aman absolutamente a sus nietos, nos han transmitido desde el legado de mis abuelos, la condición judía. Y lo llevo con un orgullo entrañable, en lo más profundo de mi corazón. Porque recuerdo esos *Seder* de *Pesaj*, en una casa pobre de La Paternal. Porque recuerdo también que el judaísmo, como diría Rosa Luxemburgo, es amor a la humanidad y es, también, sueño emancipatorio, utopía y proyecto. Porque el judaísmo se casó con el otro. Porque el judaísmo, como diría Levinas, es una ética del otro. Es el reconocimiento del otro, pero también es una fidelidad.

En castellano podríamos hablar de un oxímoron: fidelidad y traición. Fidelidad reivindicando la mixtura, la hibridez, el cruce, pero fidelidad a una lengua, a un mundo cultural, a una sensibilidad, a una historia, a un itinerario. Fidelidad a la memoria, a la invención de la memoria. A sentir que adentro de uno palpita la zaga más lejana de la primera diáspora, desde ese judío que tuvo que huir de su tierra, hasta los que murieron defendiendo un ideal, o que murieron simplemente sin saberlo, solo porque eran judíos. En mí también palpita esa cultura extraordinaria que se forjó en el interior de las lenguas que habitaron los judíos sabiendo que, —más de una vez lo cito—, Maimónides, que no leía griego, leyó Aristóteles traducido por los árabes y se lo legó a Santo Tomás para que escribiese la *Summa Teológica*. En esa mixtura, está la última oportunidad de la cultura humana. Volver a reconocernos, volver a mirarnos de frente, saber que el otro es aquél que me señala lo que me falta. Quizás, en este sentido, la experiencia de la diáspora se tensa entre el dolor y la oportunidad. Dolor por la pérdida, por el desarraigo, por lo que nos falta; oportunidad porque nos lanza a la aventura de las lenguas, de las culturas, de la mezcla, de la felicidad de sentirme argentino y judío.

Dos formas bastante complicadas de atravesar la vida porque pertenezco a la generación del setenta, viví intensamente y sigo viviendo intensamente este país. No me imagino fuera de este país y cuando me tocó estar fuera de la Argentina sufrí el desarraigo y sufrí lo que significa el exilio. Sin embargo también descubro, con un amor absoluto, que soy de la tierra de Hudson, de Hernández, de Borges, de Cortázar, que soy de la lengua de esta tierra. Al mismo tiempo soy judío, escucho y me resuena el *idish* de mis abuelos. Pero también descubro que lo judío hoy tiene una responsabilidad única. Somos un pueblo que, de alguna manera, ha cargado con la responsabilidad de recordarnos, y recordarle siempre a los otros, que la casa tiene que estar abierta y ser hospitalaria para el extranjero cuando está lejos de los suyos. Los judíos hemos sabido lo que significa ser extranjero y no recibir la hospitalidad. El matrimonio mixto sería una metáfora, por qué no, de una generosa hospitalidad.

Alicia Dujovne Ortiz – En relación a las maravillosas palabras de Ricardo Forster, cuando hablaba de lo social, debo decir que, en ese sentido, sí he recibido una herencia profundamente judía de mi padre, hombre que no se sintió judío durante una buena parte de su vida, pero que tenía la dimensión ética derivada directamente de su origen judío. He ido ahora detrás de sus rastros. Fui a Ucrania, al pueblo natal de Kurilovisk, y fui a Moscú a hurgar en archivos sobre su vida y también sobre la vida de un primo de mi padre, Ben Sion Dujovne, que fue fusilado por Stalin en el '37, porque *sotto voce* sacaba judíos de la Unión Soviética y los mandaba a Palestina. He estado hurgando en esta historia que fue, para él, una terrible amargura y un terrible desencanto porque se sentía traicionado por la historia. Pero he salido de esta búsqueda de un padre desencantado del comunismo con una inmensa admiración por lo que en él era entrega al sentido social, al deseo de hacer algo por el mundo. Pienso que en ese sentido sí me una dimensión judía.

Darío Sztajnszrajber – Pensaba en las palabras de los tres y en el sentir de mucha gente. Me queda siempre flotando la complicada relación entre los pensamientos de este tipo y el discurso oficial de la institucionalidad comunitaria. Hay un contraste, una paradoja evidente, que tiene que ver con quién lee la inserción del judío en la comunidad oficial. Eso me da muchas veces temor.

Baruj Plavnick – Sí, existe ese contraste. Es obvio. El pueblo judío nunca aceptó una sola idea acerca de nada. ¿Por qué va a empezar ahora?

Darío Sztajnszrajber – ¿Quieren agregar algo más? Porque como melancólico del sesentismo, me queda la sensación de que las instituciones deberían representar la voluntad popular. Entonces me molesta también ese contraste o ese vaciamiento de contenido.

Ricardo Forster – Hemos dicho palabras muy bonitas, pero: ¿cómo "se garantiza" que el pueblo continúe su camino por una historia, bastante laberíntica y complicada, si todos festejamos algo así como el ludismo de poder mezclarnos eternamente? Es una pregunta que no deja de ser inquietante. Quizás hay unas palabras en Baruj que dan cuenta de una respuesta posible o de una pregunta que se extiende. ¿Por qué pensar en términos de rentabilidad capitalista el judaísmo? ¿Por qué no pensarlo en términos de un resto o de un remanente que va por allí, a veces caudalosamente como un río que desemboca en el mar y, a veces, quedándose apenas convertido en un arroyuelo? Tal vez es mejor ser un pequeño arroyuelo de aguas cristalinas, que ser un río turbio que desemboca tempestuoso en el mar, pero que se ha enlodado definitivamente. Soy de los que prefieren, quizás por inclinación, el arroyuelo cordobés al tumultuoso río. En una de esas el judaísmo, en lo mejor de sí mismo, es apenas un arroyuelo que guarda memoria y una ética frente a los ríos enlodados que se reclaman portadores de las grandes ortodoxias judías.

Baruj Plavnick – Me gustaría decirte algo respecto a esto. Creo que el judaísmo tiene, en un ir y venir casi dialéctico, una combinación de historia, memoria y proyecto permanente. Creo que estamos atravesando una etapa en donde no hay proyecto. El más grande, en la mitad del siglo XX, fue el sionismo, pero conformarse con un solo proyecto no es suficiente para un judío. Creo en el judaísmo como proyecto más que como recuerdo o memoria. Esto es algo que se va generando espontáneamente y nos damos cuenta a posteriori cuáles han sido los proyectos.

Público – ¿Qué conflictos perciben ustedes con los matrimonios mixtos y la continuidad?

Ricardo Forster – El ser humano, por suerte, es de una complejidad maravillosa y cada uno construye su propia vida. No podemos transferirles a nuestros hijos nuestros recuerdos privados, personales e inquietantes. Ese ser de la casa de mis abuelos es irrepetible porque ya no viven más, porque La Paternal ya no es lo que era, porque yo ya no soy un niño, porque ya soy un adulto (por desgracia) y apenas puedo recordar y transformar esos recuerdos en materia prima de mi nostalgia querida. Pero mis hijos viven y vivirán otras experiencias, atravesando sus propias formas vitales de establecer el diálogo con la vida. Estará en mí trasladarles mis experiencias, mis recuerdos, lo que amo y me atraviesa.

Ellos no van a vivir, seguramente, esas espléndidas fiestas, esos recitados y esas preguntas. Ya no podrán ver la imagen de mi abuelo, ni estará mi *baba* esperándonos con el olor a ajo maravilloso en sus manos y besándonos de una manera única. Tendrán otros abuelos, de la misma manera que tienen padres diferentes a los que yo tuve. Construirán su vida y la responsabilidad de los padres será la de ser portadores fieles de una tradición sabiendo que, al mismo tiempo, la traicionamos.

Es como la traducción. Nunca hablamos la lengua que creemos hablar, siempre estamos hablando otra lengua. Nuestros hijos —Baruj lo decía desde otro lugar— construirán sus proyectos. Yo disiento en una sola cosa: para mí no hay proyecto, aunque no sé si disiento porque él seguramente después me dirá que quería decir justamente eso. Creo que no hay proyecto si uno al mismo tiempo no va permanentemente dialogando con sus muertos. Digo "los muertos" en el sentido más absoluto y radical de esa palabra. Leemos libros escritos, amamos seres que ya no están, somos su prolongación, somos su recuerdo. El judaísmo también es eso, es una proyección hacia el futuro. Un futuro incierto, un futuro al que no sabemos si estamos llegando o si nos estamos alejando. Esencialmente es una deuda: una deuda con las generaciones pasadas, una deuda con mi abuelo, una deuda con todas esas generaciones que enhebraron una fidelidad y que inventaron mil rostros para el judaísmo. ¿Cuál será el de mis hijos? Ojalá que sea el de la libertad, el de la equidad, el de la felicidad, el del amor. Ojalá que no sea el de la tristeza y el del sufrimiento. Ojalá que ellos también puedan recordar mañana que tuvieron abuelos que los amaron y que fue en un *Seder* de *Pesaj*, o fue en otras circunstancias, que se reconocieron como personas. Será su libertad la que construya su vida y su madre y yo, con el narcisismo que caracteriza a los padres judíos, creeremos que somos los responsables de su vida, pero ellos en algún momento dirán "es la nuestra".

Alicia Dujovne Ortiz – Tuve la suerte de estar rodeada de gente orgullosa de ser quien era y que me permitió inventarme mi propia vida. No tuve *jeder*, no tuve abuelo de barba que me explicara o que me dijera cuáles son las preguntas que había que formular en *Pesaj*. No tuve abuela con olor a ajo, no tuve ningún ritual y, curiosamente, no lo tuve de ninguno de los dos lados. Era todo un sentimiento de cosas perdidas.

Mi abuela, la *bobe*, no había guardado nada más que un kinoto acaramelado, maravilloso por otra parte, como una joya en el fondo de un vaso de té. Ella decía "tei", pero no hablaba. Su marido, Samuel Dujovne (Dujovne quiere decir "espiritual" en ruso), que era maestro de escuela, fue a las colonias del Barón de Hirsch, no se pudo adaptar a la pampa salvaje y, en lugar de convertirse en patriarca de barba o en un gaucho judío, se suicidó. Por el lado cristiano, yo no he tenido más que historias de pérdidas. Era gente que poseía estancias en Entre Ríos o navegantes genoveses que habían perdido los barcos.

Sobre la base de estos restos de un gran naufragio me inventé la vida y me fui a Europa y, en medio de todo eso, hubo una línea permanente desde aquel día en que me metí a la cama a llorar por Israel: una tremenda curiosidad apasionada, un poco como el exceso pasional de los conversos, por el lado judío, que era el que parecía necesitarme más. No tenía por qué reivindicar a los españoles, ni a los genoveses, que estaban muy tranquilos. Pero el lado Dujovne me atraía, me parecía más mi lugar de pertenencia.

Baruj Plavnick – Sobre el conflicto de los matrimonios mixtos, los que tenemos algunos años de casados, sabemos que el conflicto real es estar casado. No sé por qué se ríen. Lo dije en serio. Por supuesto que hay problemas, como en todo matrimonio. Estos son algunos problemas específicos. Dándonos cuenta de esta cuestión, por ejemplo, algunas instituciones nos hemos aglutinado alrededor del Joint y propusimos un programa que se llama *Shaar*. Es un programa que tiene que ver con atender las circunstancias que ocurren en las familias con la mixtura. Todo matrimonio es un matrimonio mixto. Estos matrimonios, a los que hacemos alusión, de los que todos sabemos que estamos hablando, tienen estas dificultades o estas particularidades que deben ser tratadas como en otro matrimonio. Desde el punto de vista de la preocupación por el judaísmo, lo que me parece que hay que trabajar es en la autenticidad de la vida judía que cada uno tiene. Del proyecto judío que cada uno tiene. Cultivar un proyecto judío. Lo mejor para la humanidad y para el pueblo judío es que sean variados esos proyectos. Sostenidos en el encuentro, el diálogo, el debate y en la responsabilidad recíproca. Me parece que se insiste demasiado con la nostalgia, las memorias y los recuerdos. Creo que la definición de judío tendría que ser, no el que tiene un abuelo judío, sino el que tiene un nieto judío. Todos tendremos, o tenemos, un nieto judío. El ser judío, insisto, no es algo que quede limitado a la subjetividad. Hay un contenido objetivo que no podemos evitar y que transmitimos. El asunto es, en todo caso, si lo hacemos con culpa, con temor o con alegría, proyecto e ilusión. No hay modo que yo no sea judío. No hay modo que mis hijas no sean judías. No hay modo que mis nietas no sean judías. El asunto es qué hacen con eso. También, a posteriori, uno puede abandonar el judaísmo. Lo dije antes. Se puede ingresar al judaísmo, se puede salir del judaísmo. Pero no es un acto de decisión individual y voluntaria. Es un proceso, en todo caso. Me parece que, desde la perspectiva de la continuidad judía, el asunto pasa por desarrollar un proyecto que empieza, fundamentalmente, en la casa. El lugar más importante del pueblo judío, históricamente, no han sido las instituciones, sino el hogar. ¿Cómo soy judío dentro de mi hogar?, es la pregunta, no ¿cómo lo soy en las instituciones?

Público – Desde el oficialismo, ¿cómo considerás, Baruj, a la señora Dujovne Ortiz? ¿Judía o no judía? Siendo que no es hija de madre judía…

Baruj Plavnick – ¿La pregunta es, cómo yo la considero?

Público – Sí, desde el oficialismo.

Baruj Plavnick – Yo no tengo nada que considerar.

Público – ¿Pero la comunidad judía cómo la siente?

Baruj Plavnick – Yo no represento al oficialismo, gracias a Dios.

Público – ¿Pero la comunidad judía cómo la considera?

Baruj Plavnick – Yo no conozco el caso particular de la señora.

Público – Lo contó…

Baruj Plavnick – Está bien, más o menos, entiendo. Desde el punto de vista de la *halajá*, como está hoy en día establecida, para el mundo ortodoxo no es judía. Esa era la respuesta que querías escuchar.

Público – Gracias.

Alicia Dujovne Ortiz – Efectivamente, para el judaísmo ortodoxo no soy judía y he tenido encuentros desagradables con el gran rabino de París, con el que estaba hablando y diciéndole soy judía argentina. Se interesó mucho por el caso y me preguntó: ¿y su madre? Le dije que no, que mi madre no, y me dio vuelta la espalda. Me ha pasado eso algunas veces. Punto y aparte. He trabajado en medios judíos desde siempre. He trabajado en la revista de la Sojnut, Raíces. He trabajado en la revista de Hebraica. En Francia he dado un taller literario en el Museo de Historia y Arte del Judaísmo. He trabajado en un geriátrico judío, recogiendo las historias de sobrevivientes de la *Shoah*. Es decir, hay un judaísmo ultra ortodoxo que me da vuelta la espalda y hay un amplio margen de instituciones judías para las cuales soy perfectamente frecuentable.

Público – Quería preguntar qué opinan sobre las conductas que deben tener las comunidades judías, respecto a los matrimonios mixtos. Si los deben seguir rechazando o no.

Ricardo Forster – Ojalá hubiera habido aquí, en esta mesa, alguien que efectivamente pensara todo lo contrario, pero Artaud decía que cada uno debiera ser su propio padre, su propia madre y responder por sí mismo, hacerse cargo de lo que dice. Me parece que la respuesta ya cayó del árbol. No insistamos. Me parece que cada uno de nosotros considera que no es una afrenta casarse con un judío o un no judío, sino que es parte de la aventura del vivir y una institución amplia, interesante, refinada, judía, debería aceptarlo sin inconvenientes.

Público – Si bien es cierto que los ultra-ortodoxos son los que consideran que un hijo de madre no judía no es judío, en el ámbito conservador también es así. Es importante que esto se diga porque justo, hace poco, mi hermana –somos hijas de un matrimonio mixto con madre no judía– se intentó casar con un chico judío y en ningún templo la aceptaban. Tenía que hacer un curso de un año como si fuera una cristiana que desea convertirse. O sea, que no somos judías, por más que hayamos hecho una vida judía toda la vida. Solamente Baruj, justamente, nos aceptó como judías y casó a mi hermana, pero la realidad es que no es así. Hay un sufrimiento muy grande por eso.

Baruj Plavnick – Yo no soy real.

Público – Pero es el único rabino entre todos los conservadores. Entonces es una realidad y es un sufrimiento muy grande. ¿Si no lo conocíamos a Baruj, no se casaba mi hermana?

Dario Sztajnszrajber – Siento que hay mucho enojo con el tema y siento que es un tema irritante porque es un tema real del que no se habla.

Público – Fui criado judío, hice el *Bar Mitzvá*, hice todo lo que podía hacer como judío y decidí llevar adelante una pareja mixta. Pero decidí, también, que no voy a pasar por el problema de la no aceptación y renuncié a un casamiento judío. Creo que la no aceptación tiene su vínculo con lo que es la dirigencia comunitaria. Hay una cuestión con el grado de ortodoxia, o de conservadurismo de la comisión directiva, que es, en definitiva, la que maneja los fondos que sostienen esas comunidades. Con lo cual, podemos trabajar con rabinos con buena onda que quieran casar, pero ¿qué hacemos con los dirigentes comunitarios que son, en definitiva, quienes manejan la existencia de los edificios, de las festividades, de los *shules* y demás que son los que sospecho, agarran al rabino del cogote y le dicen: "se acabaron los casamientos mixtos"? Quisiera saber qué opinan al respecto.

Ricardo Forster – En una época decíamos: "con los dirigentes a la cabeza o con la cabeza de los dirigentes". Quiero decir, a mi no me representa ningún dirigente de la comunidad judía, menos el que es hoy el presidente de la DAIA. Yo no me siento representado. El judaísmo no es una institución vertical, autoritaria, con un principio que define de la A a la Z lo que debemos hacer en nuestra vida cotidiana. El judaísmo tiene algo también de ácrata, de bello anarquismo, si ustedes quieren. Tiene la ley por allí, pero algunos dicen que el día que llegue el Mesías la ley será anonadada, reemplazada, no servirá para más nada. Yo me adelanto quizás y la he derogado antes de que llegara el Mesías.

Quiero decir, me parece que el judaísmo es una construcción. Es una construcción de un yo. Sí creo que, y estoy muy de acuerdo con lo que se venía diciendo, hay algo del orden de la intimidad, de la casa, de lo común; hay algo de la comunidad, pero no hay palabra más degradada, más envilecida, en términos institucionales que, la comunidad judeo-argentina. Hemos atravesado los noventa de una forma vergonzosa. Entonces me parece que, en realidad, he tenido la dicha de encontrar un rabino que quiere compartir un modo de vivir. El judaísmo es un rabino, no una institución. El judaísmo es un judío, no es una institución. Es la posibilidad de un judío de juntarse con otros judíos y disentir armoniosamente. Hay un problema si yo quiero entrar y ser reconocido por las instituciones judías. De este modo sufro que no me reconozcan, pero el problema está en querer que me reconozcan. Yo no quiero que me reconozcan. Estoy feliz sin que me reconozcan.

Creo que era Gurvitch, un viejo historiador, que decía que gracias a las múltiples herejías, que bañaron las aguas del judaísmo, el judaísmo no se convirtió en un agua cloacal. Entonces seamos herejes. Reinventemos permanentemente el judaísmo. Reinventémoslo como sepamos, como podamos. Yo sentí un cierto prejuicio, por lo que me gustaría hacer un señalamiento. Si hay algo para mi venerable de la tradición judía, clave en la tradición judía, es lo que yo llamaría el respeto y la comunión alrededor de los libros, de la discusión, de la inteligencia crítica. No hay tres personas, supuestamente, portadoras de un saber, —que seríamos nosotros—, y gente común que está del otro lado. Somos gente común que, lo puede decir Alicia, lo dice Baruj, lo puedo pensar yo, o Darío, hemos vivido y atravesado la vida con sus sufrimientos y sus alegrías. Entendemos perfectamente a la persona del público que decía "a mí me duele lo que le está pasando a mi hijo que no es reconocido". ¿Cómo no lo voy a sentir? No somos personas que estamos aquí y nos hemos convertido en una especie de floreros para que nuestras voces digan discursos vacíos de contenido. Hablamos, me parece, cada uno de los tres, desde las vísceras, de nuestra experiencia, no como abstractos portadores de un saber. Me parece que también es importante que haya una relación de ida y vuelta en ese sentido y de verdad entiendo perfectamente lo que va suscitando. A mí me interesa mucho lo que está pasando aquí porque veo que hay un tema muy intenso, que moviliza mucho. A cada uno de nosotros nos ha movilizado a lo largo de la vida.

Les voy a hacer una confidencia: yo estoy casado con una mujer judía y a veces me pregunto si fue una casualidad o no. Podría haberme no casado con una mujer judía en los tumultuosos años en los cuales uno, en realidad, estaba casado con otras cosas. Sin embargo algo me pasó para que me casara con una mujer judía y estoy absolutamente contento. Seguramente me hubiera podido casar con otra mujer y mi vida hubiera adquirido fisonomías distintas. Hubiera escuchado otras cosas. No sé, Baruj lo dijo mejor que yo, el conflicto es el matrimonio. Capaz que me equivoqué, capaz que no. Pero es lo que aconteció. Si a alguien le aconteció casarse, les cuento una anécdota muy breve: una amiga tuvo la desdicha de enamorarse ferozmente de un palestino en Israel. Digo la desdicha porque fue insufrible, de un lado y del otro, y tuvieron que irse. No pudieron vivir ni en Palestina, ni en Israel, y se fueron a vagar por el mundo. Ahí quizás esté la madre de la tragedia, en ese desencuentro.


Baruj Plavnick – Me parece que en algunos temas somos, los judíos argentinos, demasiado argentinos. Esto de venerar las instituciones y de colocar en tan alta importancia a lo que dice el patrón, me parece que es uno de los rasgos que hemos incorporado de la argentinidad, en donde el verticalismo, lo piramidal, ocupa desde los orígenes un lugar muy importante. Yo creo en la tradición judía. Asumo con orgullo esta representatividad de la tradición judía, creo en ella, la valoro, la aprecio. Pertenezco, en el mundo, no solamente en la Argentina, a una corriente rabínica que pone el énfasis en la aplicación de la tradición "halájica" en un sentido dinámico. Pertenezco, dentro de esta corriente, a los rabinos que decimos que está un poco lento este dinamismo. Hay que ponerle un poco más de movimiento, de ritmo. Pero creo en esto. Creo que la tradición judía tiene aplicabilidad y tiene que ser aplicada con criterio. Para hacer referencia directa: todo el mundo va a estar de acuerdo —esta es una muletilla que yo tengo cuando hablo con parejas y con jóvenes sobre los matrimonios mixtos– con que para manejar un automóvil en la Ciudad de Buenos Aires hace falta un registro de conducir. Si Schumacher pide el registro de conducir, es esperable que el tratamiento que se le dé no sea el mismo que a un chiquilín de diecisiete años que saca por primera vez su registro de conducir. Las normas son para favorecer y desarrollar la vida, para ayudar a la vida colectiva, a la colectividad. Para eso hay que aplicarlas, racionalmente, inteligentemente, sensiblemente. Creo en la tradición, creo en la ley judía, en la *halajá*, creo en el proyecto judío y creo que hay que hacer converger a la tradición con las circunstancias de la modernidad y las circunstancias concretas.

Público – Quizás has contestado algunas inquietudes de las que tengo al respecto, pero quería saber, con el corazón, qué pensabas de las mujeres, que son mayoría, que tienen que pasar el proceso de conversión.

Baruj Plavnick – La palabra conversión es otra de las confusiones generadas por la "cristianización" del judaísmo. La palabra propia en el judaísmo que es milenaria, talmúdica y bíblica, es el "*Giur*". Esta palabra deriva de la raíz hebrea que significa, habitar. Optar pertenecer al judaísmo milenariamente ha sido, como lo hizo el relato bíblico de Ruth la moabita, decidir sacar carta de residencia en el pueblo judío. Es tomar, es decidir residir, habitar con el pueblo judío una habitación que no es física sino que es espiritual y cultural, y que no tiene que ver con residir en un territorio físico sino en un territorio espiritual. En eso creo y lo promuevo. Es cierto que estadísticamente, hay más mujeres que adoptan el judaísmo que varones.

Público – Simplemente le pido a Alicia algún comentario más sobre la intolerencia que padeció.

Alicia Dujovne Ortiz – Les cuento de mi rabino del Opus Dei. Yo tendría más o menos treinta años y con un verdadero ataque de locura porque estaba trabajando en la *Sojnut*, decidí hacer *aliá*. Entonces bajé rauda las escaleras, porque me dijeron, "sí, pero, si querés ir a un *kibbutz* de izquierda, igual tenés que ir a ver al rabino". Nunca me he encontrado delante de una cara de un inquisidor tal que mirándome con horror me decía: "pero usted no es judía. Su hija no es judía. Usted no puede hacer *aliá*, entonces va a tener que leer los libros que le voy a dar durante un año y convencerme de su sinceridad". Como yo estaba segura de que no iba a lograr convencerlo de mi sinceridad, di media vuelta y me salvó el gong, porque yo en un *kibbutz* hubiera sido realmente desastrosa. Después hubiera habido que sacarme del *kibbutz*. Pero eso no me hizo de ninguna manera pensar que el judaísmo me daba vuelta la espalda. Era un fanático medieval, me encontré tres o cuatro en mi vida, no más, pero repito que a mí, como ser humano medio judío, como ser humano mixto con una importantísima parte judía, de ninguna manera me hizo pensar que yo estaba excluida. Salvo esas excepciones, lo que siento es que la comunidad judía argentina me reconoce y hasta me sostiene desde un punto de vista intelectual y emocional.

# Dinero

*21 de Febrero de 2006*

## Disertantes: Daniel Goldman, Daniel Muchnik, Mario Wainfeld

Darío Sztajnszrajber – Como judío, el problema del dinero es, a mi entender, constitutivo. Siempre tuve un tema con el dinero y mi judaísmo, y es por eso que traté de sobrellevarlo del mejor modo posible: me volví despilfarrador. Pero me doy cuenta que esto tuvo que ver con ese amarretismo del que me acusaban en el colegio mis compañeros. Siempre fui para ellos un ruso tacaño, aunque de tacaño nunca tuve nada. Sin embargo, esa acusación terminó generando esta anti-tacañería. Hay cosas que a uno lo constituyen aunque no quiera. De allí la importancia de la conexión entre lo judío y el dinero, en relación a esa caricatura del antisemitismo.

Otro tema que me parece fundamental, es la idea de que los judíos somos todos ricos. Parece que no hay judíos pobres y, para peor, parece que tenemos una especie de voracidad despiadada por el dinero que, para muchos, nos lleva a tener actitudes amorales. Más allá de las cosas que se dicen, están también las cosas que uno sabe. Quiero decir: es cierto que muchos judíos han participado en situaciones impresentables para la moral y la justicia social de la población. Se sabe que hasta hubo judíos que sostuvieron con su capital el desarrollo del nazismo. Ni hablar en Argentina. Gerardo Mazur me contaba hoy que su mamá le dijo que no quería que en la Argentina hubiera un Ministro de Economía judío. ¿Por qué será?

La mesa de hoy está conformada por Dany Goldman, Mario Wainfeld y Daniel Muchnik, a quien le doy la palabra.

Daniel Muchnik – Ustedes saben que esto de sortear el calor o la canícula –como decían los diarios en el pasado– es realmente un esfuerzo notable. Ahora, si ustedes pretenden que dos periodistas y un rabino tengan una certeza total, están equivocados. Yo también, como Darío, he tenido mi propio "mambo" con el tema del dinero. ¿Quién no lo ha tenido? Quizás he sido demasiado generoso con mucha gente por el prejuicio que cargo y que ningún psicoanalista me ha sacado. Además, me enojé mucho con algún paisano que demostró un amarretismo cruel; así fue como me surgió un prejuicio antisemita frente a ese paisano. Es decir, más allá de la lucha contra el racismo y la xenofobia, los comportamientos humanos hacen que siempre llevemos adentro nuestro al "gorila". Es indudable que este tema del judío y el dinero, lleva siglos generando prejuicios.

Hace poco, un intelectual francés llamado Jacques Attali, publicó un libro genial que perturbó algunas conciencias judías. El libro se titula *Los judíos, el mundo y el dinero. Historia económica del pueblo judío*. Piensen que el autor del libro es un intelectual judío vinculado con la actividad económica, porque fue presidente de un banco en Europa, e incluso recibió varios sumarios por alguna supuesta estafa (cosa que nunca se aclaró). Attali desarrolla una obra fabulosa, impecable, una historia profunda y medular respecto de la vinculación de los judíos con el dinero.

En realidad, fue la Iglesia Católica la que forzó el salto de los judíos vinculados con las distintas actividades al mundo del dinero. El judío se vuelve prestamista. Más adelante daré algunos datos históricos a propósito de esto, que fue combatido y señalado como un exabrupto, en tanto y cuanto la concepción religiosa judía no impide la actividad del prestamista. En cambio, la Iglesia Católica sí consideraba un atropello este tipo de actividad. Sin duda son las Cruzadas, que comienzan en el 1045 (primera Cruzada) y se desarrollan hasta 1223 (cuarta Cruzada), las que ponen en evidencia esta contradicción entre el poder eclesiástico y la realidad del mundo judío. En primer lugar, porque la primera Cruzada se desata en medio de una profundísima crisis económica en Europa que coincidió con la recepción dentro del territorio europeo de plagas terribles, algunas de las cuales terminan casi con el 30% de la población europea. Todo esto es atribuido al judío. La primera Cruzada es el pretexto fenomenal para que se desarrolle el primer asesinato masivo de los judíos en Europa. Esto pasó con la primera Cruzada, pero también con la segunda (1146), con la tercera (1188) y con la cuarta (1223). Sin embargo, después de este genocidio espantoso, la Iglesia Católica se retracta respecto del tema del préstamo, lo hace considerando que, de alguna manera, la culminación del feudalismo y el surgimiento de una nueva etapa económica requerían indudablemente del dinero. Después de las Cruzadas, Europa estaba económicamente exhausta. ¿Por qué los judíos tenían dinero? Porque desarrollaban algún tipo de actividad. La Iglesia Católica impedía esa actividad en otros renglones de la vida productiva. De manera que una parte de los judíos –no todos los judíos– se volcó a atesorar y a vivir del préstamo (naturalmente, se trataba del préstamo usurario).

Juntamente con los judíos, hay dos grandes potencias marítimas que también desarrollan el acto del préstamo y la usura. Al final de las Cruzadas, Venecia y Génova se comienzan a convertir en el centro del tráfico marítimo que une a Europa, que no había terminado todavía con la invasión islámica iniciada en el siglo VII d.C. Son los genoveses y los venecianos los que, al igual que los judíos, se convierten en los intermediarios de este vínculo y de este comercio. Los venecianos prestaron la flota a los cruzados para llegar a Jerusalém y, apoyados por la tecnología judía, se convirtieron en poderosos financistas.

A partir de esto, se inicia todo un vaivén de aprobación y rechazo del judío prestamista. ¿En qué consiste este rechazo? Se dice que el judío ha abusado de la usura y que lo conveniente es expulsarlo. Hacia el fin del 1200 y el principio del 1300, hay concilios que autorizan la expulsión de los judíos, razón por la cual comienzan a deambular hasta llegar a Europa oriental, principalmente a Polonia a fines del 1200 y comienzos del 1300.

La idea es que el prejuicio tiene mucho que ver con una actividad real que tenían los judíos. No me refiero solamente al préstamo, sino a una actividad muy irritativa para la población. Los judíos eran técnicos en recaudación de impuestos al servicio de los príncipes, de la nobleza y de los señores feudales. Esto implicaba forzar a la población al pago de estos tributos que resultaban realmente muy onerosos, especialmente cuando las cosechas fracasaban.

Después de siglos, en 1500, aparecen dos obras. Una es de Marlowe, un señor a quien Shakespeare envidiaba mucho. Se trata de una obra de teatro llamada *El judío de Malta*. Es muy particular, porque en esa época en Malta ya no había más judíos. Esta obra inspiró a Shakespeare a escribir *El mercader de Venecia*, cuando en Venecia ya no había más judíos puesto que habían sido apartados o expulsados.

En Polonia los judíos desarrollan la actividad de prestamistas. Al mismo tiempo, enormes masas de población que no contaban con la tecnología adecuada, ni los activos suficientes como para el préstamo, también se dedican a otras actividades. Hacia el 1600 la concentración judía en Polonia era realmente descomunal, especialmente en Cracovia y en lo que luego sería el bolsón de la Galitzia polaca en el Imperio Austro-húngaro. Un dato significativo es que Napoleón es el que hace el corte definitivo y, de alguna manera, es recibido como un benefactor por paralizar toda acción demoníaca contra el judío. El judío pasa a ser así un ciudadano. Claro, Napoleón era un "piola", porque recibía toda una masa de economía negra que no contribuía a la economía nacional. Por esta razón, Napoleón obligó a todos los países sitiados a dar a sus judíos un nombre y un apellido. No todos los judíos tenían apellido por aquel entonces y comienzan a tenerlos a comienzos de 1800 y fines de 1700. ¿Por qué Napoleón les otorga el nombre a los judíos? Por el C.U.I.T. El nombre es un C.U.I.T. El hombre con nombre formaba parte del fisco y del patrimonio de una nación, de manera que así debía contribuir. A partir de la era napoleónica, o sea, a partir de la emancipación y de la así llamada "Era de las Luces", los judíos comienzan a integrarse a la nación. En toda esta etapa de flujo y reflujo las conversiones son masivas, no solamente de los judíos religiosos de abajo sino también de rabinos. Hubo una enorme cantidad de rabinos que se convierten presionados por la reacción de los poderosos. España es una demostración pasmosa de ello y allí tenemos otro genocidio que se produce a fines del 1500.

La historia de 1900 para acá ustedes la conocen perfectamente. Pero baste decir que ya a fines de 1800 hay mucho rebrote antisemita, donde la figura del judío con nariz ganchuda, prestamista y con el reloj cruzado en el chaleco, comienza a tener predicamento, especialmente en Francia. El caso Dreyfus es una demostración profunda de este antisemitismo. La vida en Viena –que es la ciudad que, a modo de un verdadero nido de víboras, es para mí y para otros intelectuales el lugar donde surge poderosamente el fascismo del siglo XX– tiene intendentes que proclaman como bandera la exterminación del judío.

Los judíos parecen no escuchar todo esto, o parecen negar todo el pasado. Yo dejaría para una segunda vuelta –y así no entorpecer a mis colegas y amigos– el tema del judío, el dinero y la Argentina.

Darío Sztajnszrajber – Me llama la atención la relación directa entre el prejuicio obvio y la actividad real de prestamista y de recaudador de impuestos, con todo lo que esto implica.

Daniel Muchnik – Es que el prejuicio está asentado en una realidad. Es decir, los judíos no son santos. Por supuesto, me refiero a algunos judíos y no al mundo judío.

Mario Wainfeld – Confieso que cuando me llamaron para hablar sobre los judíos y el dinero, pensé que no era la persona adecuada. Soy un típico judío de la diáspora, sin práctica religiosa y con una idea muy laica de la vida. Sobre la plata, como casi todos los que hablaron antes, tengo un rollo muy característico, del cual voy a hablar en algún sentido. Tengo una anécdota en la cabeza a propósito de este tema que, por su vastedad, excede a cualquiera. Lo que pensé parte de la imputación de tacañería o avaricia a los judíos.

Cuando era chico, me impresionó y generó siempre una duda tremenda el reproche de avaricia a los judíos. Los judíos que yo conocía –principalmente los de mi familia– eran ciertamente generosos con el dinero. Todos eran dadivosos y derrochones. Mi viejo en especial era hasta inútil con el dinero e incompetente para hacerlo reproducir (al menos en una forma fértil para él), lo cual es una de las tantas cosas que he heredado de él. Por eso me chocaba largamente y algo de esto dice Borges de manera formidable. Borges, en uno de su sus poemas –hablando del destino de los judíos– introduce la expresión "…un hombre condenado a ser Shylock…". Es decir, un hombre condenado a ser el usurero de *El mercader de Venecia*. Esa idea siempre me dio vueltas. Más allá de ver cuál es exactamente la característica del avaro, lo cierto es que Shylock es un usurero, pero no es exactamente un avaro. Shylock es más bien un hombre de poder que quiere imponer su voluntad en forma perversa y es malo antes que codicioso.

Otra bonita expresión de Borges me viene a la mente. Dice algo así como que el dinero es lo menos material que existe, porque está abierto a un repertorio de futuros posibles. En definitiva, el dinero es abstracto porque es futuro.

Con estos elementos, me gustaría volver a esa duda o a esa pregunta que me formulaba. Obviamente, no vengo como sociólogo ni vengo a dar reglas generales. Vengo a compartir impresiones, básicamente a compartir una anécdota, lo único que tengo para contar realmente.

Quisiera agregar algo: desconfíen de las anécdotas que cuentan los periodistas, sobre todo si son edificantes. No diré lo mismo de las anécdotas que cuentan los rabinos. Pero de las anécdotas de los periodistas sí desconfíen, porque si la anécdota redondea, sirve y cierra todo el discurso, seguramente las cosas no ocurrieron así.

La anécdota no se remonta a mi infancia –que se pierde en el fondo de los tiempos– pero sí a la época en que yo tenía dieciocho o veinte años. Como ven, se trata de algo que ocurrió hace muchos años, aunque estoy convencido de que ocurrió, y juro –con todo el descaro que puede tener un agnóstico para jurar– que la he contado centenares de veces rondando este tema de una forma u otra. Tómenla como un relato edificante.

La anécdota habla de un personaje real, que es Tato Bores. Tiemblo de sólo pensar en la posible presencia de un pariente de Tato Bores aquí y que me diga que los parámetros históricos que voy a referir son imposibles.

Esto ocurrió en el casino de Mar del Plata (miren en lo que gasto la plata), al cual empecé a ir rigurosamente cuando tenía dieciocho años. En cierta oportunidad, vi a Tato Bores en la sala central del casino de Mar del Plata, con una mujer que de manera patente era su mamá. No había ninguna duda, eran idénticos. Estaban acodados a la mesa, y recuerdo que a la mujer le habían acercado una silla, puesto que sería una mujer mayor. Dado el reconocimiento y la fama de Tato Bores, el portento es posible. Tato Bores estaba lleno de fichas, tenía las manos llenas de fichas y se las daba a la mamá. La mamá tomaba las fichas y las miraba casi con terror; jugaba con ellas como en general suelen hacerlo las viejas, haciendo apuestas muy prudentes y cuidadosas. Por ejemplo, jugaba una fichita, media fichita o dos fichitas. Nunca jugaba un pleno. Tato le colmaba las manos de fichas y le decía repetidamente una palabra en *idish*. Acá viene una segunda confesión: no sé una jota de *idish*. Tato Bores decía esta palabra en *idish*, que yo no podía identificar, y que a mis oídos sonaba como por lo general suenan las palabras en *idish* a quienes no sabemos *idish*. Se trataba de una palabra corta, aguda, con alguna jota por ahí metida en el medio. Tato le decía esta palabra a su mamá de manera enérgica, mientras sonreía. Yo me fui del casino y desde entonces he pensado en esta anécdota, tratando de reflexionar sobre lo que probablemente Tato le hubiera dicho a su mamá. Uno puede pensar en primer lugar que lo que él le estaba diciendo era algo así como: "¡jugá!". Pero en realidad, a mí me parece que le decía: "¡Vieja, yo tengo guita! ¡Yo he ganado plata! Soy tu hijo y no se la afané a nadie. He laburado y soy un tipo exitoso, brillante. Todos me conocen e inclusive en el casino me hacen un lugar, lo cual ya es mucho decir. Entonces, como tengo esta plata, gastála porque podemos". Si se pudiera estirar más todavía esta palabra que no debía tener ni tres sílabas —al menos para mi oído— pensaría que Tato le estaba pidiendo a su madre algo que en general las madres judías son muy poco proclives a hacer, que es: "¡Disfrutálo!".

Esto es lo que viene a mi recuerdo y lo que propongo asociar al pensar la relación entre los judíos y el dinero. No estoy diciendo que yo me vi reflejado en Tato Bores por su talento, sino por esta imagen, que alude a una idea que está aquí y allá y que se relaciona también con otra cosa que es muy judía y que es la comida. Es decir, ni el dinero ni la comida pueden faltar, y ésta es una frase que de alguna manera dominó mi infancia y toda mi vida. En algún sentido, esto que no debe faltar se trasunta en una especie de orgía —de comida visiblemente y de dinero eventualmente— como tributo a la seguridad, pero no sólo a la seguridad económica sino también a la autoestima e, inclusive, a la estima y a la idea de la perpetuación de la familia y de la tradición en cada caso. Me parece que este "que no falte el dinero ni la comida" también puede proyectarse con cierta velocidad, rapidez y ligereza, a lo que la mayoría de los judíos interpretaría de esta manera: no se trata solamente de que no falten bienes. La comida y el dinero son bienes que facilitan la reproducción. Pero lo que está aquí presente por detrás es que tampoco uno debe faltar. Ese "Que no falte…" significa que no falten bienes, pero que tampoco falte la carga personal o el sentido del deber. Esto es algo muy grueso, con lo cual de alguna forma también cargamos todos los que somos judíos. O sea, no debe faltar comida, no debe faltar dinero… y uno no debe faltar. Uno no debe faltar a una serie de compromisos, que son inmensos y crecientes y que son siempre, en algún sentido, incumplibles.

Uno siempre está sujeto a la mirada de los otros y este es un punto que —al menos para mí— forma parte de esta identidad que sin duda porto y que encuentro en tantos otros relatos de personas judías. Me refiero a esta idea según la cual, uno siempre está sujeto al examen frente a los otros. Esto me lleva a una especie de pensamiento que puede ser visto como una propuesta. Si una cosa nos caracteriza a los judíos no es tanto el ser acreedores excitados, como propone el prejuicio, sino esto de ser permanentes deudores. Me refiero a ser deudores, sobre todo, de una cantidad de tareas y mandatos, que uno nunca está totalmente en condiciones de satisfacer, cumplir u honrar. Me permito pensar que esta necesidad de que no falte y esta necesidad de reproducir no es tan distinta acaso en gente que proviene de otras historias o de otras tradiciones, pero tal vez tenga —como todo— un tinte personal. En el fondo, lo que creo es que las identidades se mezclan y mixturan y, a veces, me gusta creer que cuando hago un asado, que se supone específicamente algo criollo, y hago una cantidad de asado que dejaría saciados y satisfechos a sesenta leones con lombriz solitaria, lo hago traduciendo al porteño la tradición de mis antepasados. Es decir, me refiero a esa tradición de la que habla Billy Crystal, un humorista judío brillante.

En definitiva, la sensación que uno porta es: hay algo de permanente deudor, hay algo de una búsqueda permanente de aprobación, que es también una búsqueda de seguridad. Esto último me parece ser también algo que ronda al tema de la identidad. Esta búsqueda de seguridad, de confort y de aprobación incluye sin duda esta charla, en la cual ya les he contado la anécdota que les iba a contar, ya les hice las dos citas que iba a hacer y, por lo tanto, esperando no haber traicionado la confianza de ustedes que hasta hace un rato era una suerte de tribunal de tías —que era la cosa que yo más temía cuando era chico— pongo fin a la exposición.

Daniel Muchnik – En las redacciones suele haber un duelo frente a lo que otro afirma, ¿no? Me refiero a un duelo verbal. Entonces, ¿y si yo fantaseo que Tato le está diciendo otra cosa a su mamá? Por ejemplo, puedo imaginar que Tato le decía algo como: "¡Vieja, sos una derrochona, basta, pará!" ¿Por qué habrás fantaseado que Tato le decía a su vieja que gastara? Creo que eso demuestra tu bondad, Mario. Por ejemplo, le podría haber estado diciendo simplemente algo como: "¡pará!".

Daniel Goldman – Hoy estaba pensando: ¡qué trabajo de "posrabino" es el que uno tiene! Me refiero a esta cosa de la tertulia, a poder sentarse y conversar sobre temas que parecen absolutamente irrelevantes. La verdad es que son absolutamente irrelevantes y por eso son importantes. También pensaba: ¿qué le habrá dicho Tato a su mamá? Parte de mi vida transcurrió junto a mi abuelo. Mi abuelo tenía dos dichos. Uno de esos dichos era: "Los mejores amigos son los nietos, porque son los enemigos de los enemigos". El otro dicho era: "Lo importante es el dinero, porque la salud va y viene". En realidad, hay un dicho judío muy conocido, que aparece mucho en las fuentes, que dice: "Al hombre se lo conoce de tres maneras o en tres movimientos o actitudes. Una de ellas es *bekosó*, la otra es *bekisó* y la última es *bekaasó*".

*Bekosó* es la actitud de uno cuando bebe y borrachito dice lo que se supone debe ser la verdad o, al menos, lo que siente. Tengo una anécdota para esto, pero no es para este lugar, porque es absolutamente chancha y fantástica. Vamos a la última expresión, que es *bekaasó*. Esta es la actitud de alguien que tiene bronca. Siempre recuerdo a un amigo que chocó el auto de su hermano. Cuando el hermano se levantó, le preguntó: "¿cómo está el auto?" A partir de ahí, el vínculo de los hermanos fue distinto. Por último tenemos *bekisó*, que alude al bolsillo. Uno se conoce a través del bolsillo. Hay una discusión que aparece en un cuento de la época talmúdica, en donde alguien se pregunta cuál es la distancia más larga. Algunos sostienen que la distancia más larga es la distancia entre Dios y su pueblo, que en realidad es el exilio y que no se trata de la una distancia física sino de una distancia espiritual. Otros, en cambio, dicen que la distancia más larga es la que hay entre la mano y el bolsillo.

Yo creo que en general el bolsillo nos plantea el problema de la sobrevivencia, el problema del excedente, pero también problemas como la pertenencia, la propiedad, la identidad, el poder, la inseguridad. Creo que la tradición judía tiene bastante para contribuir. Hay que hacer una distinción entre los judíos y el judaísmo. Yo voy a hablar primero del judaísmo y después vamos a hablar apenas un poquito de los judíos. Lo que hacen los judíos no es específicamente judaísmo. A veces el judaísmo es una cosa, y entonces uno puede pensar en las bellezas o las perlas que aparecen en el *Talmud* o en los escritos rabínicos. Eso es lo que a mí me gusta pensar como la *Toráh*, y allí incluyo toda la tradición y la creatividad. Hay un dicho en *idish* que dice: "La *Toráh* es la mejor mercadería" Esto quiere decir lo siguiente: la sabiduría y el conocimiento son la mejor mercadería, y por eso hay que estudiar. Esto es algo que a mí me enseñaron de chico. Hay también un chiste que dice algo como lo que sigue: ¿Cuándo un judío deja de ser feto? Cuando ingresa en la universidad" Pero es muy interesante todo esto, y creo que la *Toráh* como mercadería es algo intangible, y tiene que ver entonces con pensar un poco en esa característica de lo intangible.

Como ustedes dijeron, los judíos tienen fama de amar el dinero, porque siempre hay algo en donde, acompañado de lo histórico, la cultura coloca algún trazo negativo de lo que se espera del otro. Fíjense, por ejemplo: uno siempre está esperando al rabino que come jamón. Uno se imagina que en la mitad del Día del Perdón, el rabino se debe meter en alguna piecita y debe comer jamón. Esto es algo que pasa, por supuesto… También está eso de los curas, que se acuestan con todo el mundo. Claro, esto último es algo que ahora aparece hasta en los diarios, así que no se puede sostener mucho el misterio. Entonces está todo eso del cura que tiene "encuentros", o del político que por un lado defiende al pueblo y por otro hace transacciones. Pero en realidad es que hay un deseo por parte de la sociedad de que eso ocurra. Hay una cosa civilizatoria en donde se piden esas cosas. La cultura genera en nosotros el deseo de la falencia misma en el otro, como para después desenmascarar y ver que no es todo perfecto. Es como decir que lo que se espera de vos es algo que nunca alcanza. Por ejemplo: el pueblo que entregó a la humanidad el "No matarás" es el acusado del deicidio; el pueblo que se ocupa de observar las cuestiones que tienen que ver con el ritual de no ingerir sangre, es el que en la Edad Media es acusado de raptar chicos y tomar su sangre mezclada con la *matzá*; el pueblo que no tiene imagen de Dios es el pueblo al que se le coloca siempre el chiste de que el Dios es el dinero. En el billete de un dólar aparece la frase *"In God we trust"*, "Creemos en Dios". En definitiva esto no está mal, sino que el problema es el uso. Después puedo hacer alguna otra referencia al respecto. Hay otra cosa más que quisiera agregar, que leí hace un tiempo atrás. Me refiero al símbolo universal de la relación de los judíos con lo impuro está siempre mediada a través del cerdo. Y la misma cosa se eleva como categoría del compañero de mayor ahorro, que es el chanchito. El chanchito es donde se ahorra, pero es a la vez lo que el judío no puede consumir.

Ahora bien, hablemos un poco del dinero acorde con la tradición judía. En general el dinero o el sustento —que nosotros llamamos *parnuse*— tiene en la tradición judía un significado ético y humanista muy fuerte. Yo creo que somos no *como* reaccionamos, sino que somos *lo que* reaccionamos; somos no *como* creemos sino *lo que* creemos. Enn definitiva el dinero es una extensión de esta cuestión de reacción y de creencias. En el *Talmud*, los sabios hablan de la idea de que nuestra comprensión del mundo está en lo que hoy llamaríamos *inside*, es decir, en lo que ingresa y lo que sale, en una suerte de balance. Fíjense que los sabios dicen en el *Talmud* que el Mar Muerto se llama así, precisamente, porque el agua ingresa y no sale. O sea, es muerto aquél al que le ingresan las cosas y no tiene la capacidad de ir trocando, mezclando, dando. El dinero es idolatría cuando no es amado y cuando es despreciado. Hay un cuento talmúdico que nos dice que la vida es la causa de la muerte, mientras que el deseo de justicia es la causa del dinero. Yo creo que ésta es una reflexión interesante, porque aquí tenemos a la vida comparada con la justicia, y la muerte comparada a veces con el deseo de dinero.

Vamos a meternos un poquitito en el concepto de *gescheft*. Un *gescheft* tiene que ser siempre un buen *gescheft*, acorde con la tradición judía. Si fuera un mal *gescheft* entonces no sería un *gescheft*, de manera que ni siquiera sería apropiado el uso del término. Fíjense que el *Talmud* dice que aquél que quiera vivir en santidad debe vivir de acuerdo con las verdaderas leyes del comercio y las finanzas. Sólo dos santos pueden entrar en *gescheft*. Entonces, ¿qué es *gescheft*? Es la máxima ganancia de uno y del otro, con el mínimo trastorno de utilización no predatorio del universo. Es decir que en el *gescheft* debe haber justicia y debe haber presencia de lo sagrado y de la santidad. Para que haya *gescheft* deben ganar los dos, y si no, hay estafa. Si uno de los dos sale perjudicado, entonces no hay *gescheft*. A mí siempre me llama la atención que por ahí uno le dice a alguien: "¡Qué tenga un buen día!", y el otro contesta: "No, que usted tenga un buen día" Ahora, ¿no es posible que los dos puedan tener un buen día? También bien está el caso en que uno dice: "Me honro en conocerlo", y el otro dice: "No, yo me honro en conocerlo" Pero, ¿acaso no se pueden honrar los dos? Bueno, un *gescheft* es eso, es decir, cuando los dos se honran o cuando los dos tienen un buen día. ¿Y dónde se pone en práctica esta cuestión del *gescheft*? En la escena del mercado. La escena del mercado es una situación ficticia en donde en realidad se desarrolla la idea de poder expresar *Toráh*. En la tradición existe la idea según la cual se lee *Toráh* dos veces durante la semana, los días lunes y jueves. Antiguamente esos días eran los días de mercado. Es decir, se aprovechaba el hecho de que la gente estuviera en el mercado haciendo sus transacciones comerciales –y pensemos que muchos de ellos venían del campo a vender su mercadería– para hacer la lectura de la *Toráh*. Se aprovechaba esa situación para que la gente estudie *Toráh*. Justamente, la gente se encuentra en el mercado, y en el mercado se encuentra el *gescheft*. En definitiva, en el mercado lo que se encuentra es la posibilidad de que dos personas puedan honrarse y elevarse.

Otro dicho que aparece en el talud es: "Si no hay harina no hay *Toráh*, y no hay *Toráh* si no hay harina" La primera parte de este dicho en general se entiende: si no tenés los medios para estudiar la *Toráh*, entonces no alcanza. Ahora, si no tenés *Toráh* evidentemente tampoco vas a poder establecer los vínculos de honra de uno hacia el otro y con el otro. La harina es el medio para hacer un buen *gescheft*. Cuando hablamos de harina, en definitiva estamos hablando de dinero. En la tradición judía hay tres categorías para definir al dinero. Una es la más común, y tiene que ver con lo que nosotros llamamos *plata* (que en *idish* sería *gelt*), pero a su vez los sabios rabínicos definían de dos maneras más. Una de ellas es lo que llamamos *scheckel*, que es *peso*. En castellano está esa misma idea de un objeto que pesa y que vale por lo que pesa. La otra categoría es *zus*, que sería dinero circulante. Los que se casaron acorde con la Ley judía reciben un documento matrimonial y ahí hay una referencia a este dinero circulante. Hay una cuestión según la cual el objeto vale o que el objeto circula. De acuerdo con el pensamiento rabínico, el único dinero que vale es aquél que circula. Porque, ¿qué es lo que hace la cuestión del circular? Este circular nos da la posibilidad de enlazarnos humanamente. Si uno circula, entonces se enlaza humanamente y no se queda estancado en un lugar fijo. Fíjense que el concepto de becerro de oro tiene que ver con esto, precisamente porque el becerro de oro valía por lo que pesaba y no era una cosa que circulaba. Por eso el becerro de oro se transforma en idolatría.

Ahora bien, si la cuestión hubiese sido de mensaje circulante en donde la gente se entrelaza entre sí, eso hubiese tenido otro sentido. En definitiva, yo creo que un *gescheft* con moneda es un acto de fe. Uno tiene fe en el mecanismo de inversión o en el mecanismo financiero, en las instituciones gubernamentales. Es decir, si la gente tiene la responsabilidad de circular, eso se transforma en un acto de fe. Si no es así, entonces eso se transforma en peso.

Otra cosa más, y con esto termino. El *zus* —es decir, esa cuestión de lo circulante— se basa en la valoración del trabajo, del esfuerzo y del tiempo. Si no hay objeto, no hay esfuerzo; si no hay tiempo, no estamos haciendo *gescheft*. Ahora bien, si alguna de las variables —objeto, tiempo, esfuerzo— se multiplica, lo que hay es inflación. Y si alguna de las variables se transforma en cero, entonces no hay circulante, lo cual significa que no hay dinero. El dinero es circulante y no acaparante.

Agrego algo que es lo último de lo último, acerca de los votos de riqueza y los votos de pobreza. Lo digo en dos frases. El judaísmo nunca admitió la idea del voto de pobreza, pero tampoco admite la idea del voto de riqueza. Me refiero al voto de riqueza en el sentido del acaparar. Lo que pide el judaísmo es la responsabilidad que uno tiene cuando tiene algo y lo disfruta. Cuando uno no disfruta, entonces no hay circulante. El rico es aquél que disfruta lo que tiene y no el que quiere tener más. El que tiene y quiere tener más se transforma en un pagano, según el judaísmo. El que circula con lo que tiene y disfruta y comparte eso que tiene, es aquél que se coloca en esta situación de tener la verdadera riqueza. Por eso ser rico implica una responsabilidad muy grande.

Daniel Muchnik – Mirá vos… ¿así que harina es dinero?

Daniel Goldman – La harina cuando se acapara es dinero. Uno tiene que usar la harina y venderla. Pero si uno quiere acaparar la harina y mantener esa harina, lo que ocurre es que se te pudre y ya no te sirve para nada.

Daniel Muchnik – ¿Y qué pasa con el que lleva la harina?

Daniel Goldman – Bueno, ése está en la situación del objeto, el esfuerzo y el tiempo.

Daniel Muchnik – Te hago ese chiste porque mi apellido vendría a ser algo así como "el que lleva la harina".

Vamos en cinco minutos al tema de la Argentina, los judíos y el dinero. Digamos que el mundo judío no podía estar exento del cambio brutal de circunstancias económicas en el mundo y dentro del país mismo. A partir de la gran crisis de la década del '70, lo que irrumpe en la vida nacional es una mentalidad profundamente reaccionaria de la cual estamos pagando las consecuencias y vamos a seguir pagándolas, del mismo modo en que las seguirán pagando nuestros hijos y nietos. Se trata de la aplicación de la mentalidad rentístico financiera. Esta mentalidad viene a caballo de un modo de vida que implica sin duda que el dinero es la fuente que abastece la vida cotidiana, dado que no habría otra consigna. Es decir, no se trataría de la cultura ni de la felicidad, sino del dinero en sí y por sí. Esto implica una exhibición, el exhibicionismo más puro, la frivolidad, el vaciamiento de humanidad que cada uno de nosotros puede tener. Cuando se habla de globalización o del Consenso de Washington, se están utilizando palabras. De lo que no se habla es del traslado de todo eso a la vida cotidiana, y de esto se enfermó el mundo judío en la Argentina: de frivolidad y de exhibicionismo. Fue realmente relevante verlos en sus autos último modelo, en sus *countries* y casas fastuosas, en su manera de mostrar, de viajar y de utilizar la renta nacional. Por supuesto, los judíos se subieron a un trencito en el cual se habían subido los argentinos en general. Esto fue absolutamente dramático en la vida judía en la Argentina. Hemos pagado precios altísimos que derrumbaron el piso de la clase media judía y la trasladaron a la villa miseria, o a los barrios marginales. Digamos que gran parte del mundo judío en la Argentina entró en la pobreza a partir de la aplicación de esta mentalidad. Cuando hablo de esta mentalidad, doy nombres y apellidos. Esto comienza con la caída abrupta del gobierno peronista de los '70, con su falta de orientación y su caminar en la penumbra, pero prosigue con la entrada del gobierno militar, la aplicación de esta política con Martínez de Hoz. A continuación de ello viene toda la seguidilla, porque con la llegada de la democracia esto no cambió, salvo algún saltito, especialmente con Grinspun, quien fuera el tercer ministro de Economía judío. El primero había sido el ministro de Trabajo de Frondizi, un paisano de Entre Ríos, amigo de mi padre. El segundo fue Gelbard y el tercero fue Grinspun. Pero fíjense que el cuarto fue Mario Brodersohn, secretario de Hacienda que manejaba el dinero.

Todo esto que estoy señalando se trasladó a las instituciones judías. Esto atizó la mentalidad especulativa, la utilización de los cheques y provocó el derrumbe de un escenario donde se movía socialmente la vida judía. Mi familia nunca participó de ella y yo tampoco, pero se la veía desde fuera de manera activa. Así fue como ungió como santos y como íconos de este proceso a banqueros judíos, junto con banqueros de todas las nacionalidades y de todos los colores. El proceso de los '90 con Beraja y el episodio del Banco Mayo es un derrotero que va a llevar mucho tiempo cubrir. La huída en masa de una gran parte de esa comunidad judía de las instituciones judías, sin duda que fue provocada por el hecho de haber presenciado esta falta apropiada de visión de la realidad. Para mi gusto personal —y aclaro que en materia de ideas suelo ser un lobo estepario— esta mentalidad rentístico financiera no ha cambiado, sino que por el contrario se está agudizando.

Así que creo que será necesario un gran tiempo y una gran movilización para recrear todo lo derrumbado. No quiero ser dramático en esta instancia. Simplemente estoy dibujando y mostrando la realidad. La vida judía tiene que volver a renacer, y para eso no hay otros lugares más que instituciones, que son los lugares para que la población judía se encuentre y podamos tener estas tertulias, divagar o reflexionar profundamente respecto a determinados temas.

Mario Wainfeld – Dos o tres pequeñas apostillas. Una primera cuestión está referida a algo que dijo en su primera intervención Daniel Muchnik, y que rondó toda la brillante entrega de Daniel Goldman. En ese prefijo respecto del judío y en ese desdén respecto del que es rico, hay un elemento de cultura "popular" que tiene su encanto: el desdén de los pueblos por los ricos. O sea, en todas las tradiciones populares —o al menos en su inmensa mayoría, cosa que vemos incluso en los relatos que leíamos de chicos y demás– el rico era un tipo torpe. No es que los ricos fueran poco importantes en la historia de la humanidad o que no tuvieran peso, sino que siempre hubo una cultura, un relato y una visión, desde la cual ser rico no era una virtud, sino que más bien era un sayo. El final del siglo XX trae una visión sorprendente a propósito de esto: la enorme reivindicación del rico. O sea, ser rico pasa a ser bueno por sí mismo y uno no tiene por qué justificar ni explicar por qué es rico. Es más, uno se lo puede tirar por la cabeza a cualquiera. Éste me parece todo un punto a destacar, que tiene que ver con otra cosa como la siguiente.

Esto es algo que también ha recorrido largamente Daniel Goldman y viene a mi recuerdo a propósito de lo que podría calificar como mi aprendizaje o socialización, y es que ganarse la plata era el segundo paso dentro de lo que era el tener determinadas cualidades para ganarse esa plata. En mi familia, por ejemplo, claramente estaba eso de que primero había que ser profesional para ganarse la plata. Se esperaba que uno ganara dinero, pero sin duda se esperaba desde mi familia que yo no fuera comerciante sino profesional. En mi familia, el mandato lo acatamos todos. Hasta donde yo recuerdo, creo que el único mandato que acatamos todos los "veintipico" de primos que somos es ser profesionales universitarios. O sea, estaba esa idea según la cual uno debía capacitarse, porque la "guita" no se gana de cualquier forma. Esto alude a dos cosas, que insinúo con timidez porque ni estoy muy seguro de ellas. La primera es que tiene que haber siempre una calidad en la forma de ganarse el dinero. Hay actividades que generan más dinero y otras menos, pero lo importante es la naturaleza de la actividad. Tengo la impresión de que esto incidió en la escasísima cantidad de jugadores de fútbol judíos que hay en la Argentina. Por ejemplo, ser jugador de fútbol hubiera sido una catástrofe para mi familia. La otra cuestión ligada a todo esto es algo que me dijo una amiga judía hace dos o tres días, mientras charlábamos acerca de mi hipótesis para esta charla. Ella me decía algo que apuntaba a la floja educación que recibí yo a propósito de la relación de dependencia. O sea, la relación de dependencia en general está vista como un modo de seguridad. Yo fui profesional independiente durante largos periodos de mi vida. Cuando empecé a trabajar en relación de dependencia entré en pánico, cuando en realidad mis ingresos mejoraron. Pero la idea es que uno puede bastarse y que la seguridad depende más de uno mismo y de sus destrezas.

Daniel Goldman – Me quedé enganchado con lo que Tato Bores le decía a su mamá…En realidad, hay una cosa en esto de que los judíos no pueden ser deportistas. Es decir, cuando empezó el movimiento *macabeo* en Europa, rompió un poco con el molde tradicional. No era una cosa vista de manera simpática. El judío debía tener otra actitud, que estaba entre lo espiritual y lo intelectual. Daniel, yo coincido plenamente con vos en esta cuestión de la lectura de la realidad que nos toca vivir y que nos ha tocado vivir durante tanto tiempo. Por eso quiero hacer esta distinción entre judíos y judaísmo. Lo voy a decir con ironía. A veces, cuando uno trabaja todo el tiempo con judíos, lo que para otros es antisemitismo, para uno no lo es tanto… Hay una cosa que pasa por ver al judaísmo o bien como comunidad de ideas, o bien como comunidad de fe. Nosotros regalamos muy fácil el título de "comunidad de fe" a nuestros hermanos cristianos, pero nosotros no somos comunidad de fe. Cuando queremos definir la fe haciendo un buen *gescheft*, en donde los dos se salvan y existe un circulante, donde uno tiene la noción de que la cosa es que todos estemos bien y mejor (idea que en la tradición judía tiene que ver con la transformación del mundo), estamos ante un acto de fe. En ese sentido debemos ser una comunidad de fe. Pero en realidad nos hemos transformado en una comunidad de clase social a la cual todos queremos acceder. Ése es el verdadero flagelo y el verdadero problema. Es ahí donde a veces uno escucha determinadas cosas.

Cuando estudié la Teología de la Liberación, notaba en esos teólogos una bronca muy fuerte hacia lo judío, a pesar de que el paradigma que toman es el éxodo de Egipto, donde veían el sentido de la libertad y de la liberación. Creo que no hay tema más judío que este último, a pesar de la importancia que tiene para los teólogos de la liberación. Yo me puse a investigar este tema, y es realmente interesante. Los gobiernos militares de toda Latinoamérica —en especial en los otros países, porque en Argentina se callaron un poco más— había una colaboración directa de una determinada élite judía. Es decir, esto de pretender ingresar a una clase social que al judío se le "prohíbe" y que no tiene que ver con el judaísmo ni con esta cuestión de comunidad de fe.

Otro tema para otro momento es el de *El mercader de Venecia*. Yo tengo la sensación de que esta obra no es antisemita, sino que allí Shakespeare le da voz a un judío, cuando el judío hasta ese momento ni siquiera hablaba…

Daniel Muchnik – Atención. Shakespeare le hace decir al mercader: "soy judío. ¿Acaso no tengo ojos, no tengo piernas, no tengo sentimientos, no tengo nobleza?". Esto se lo hace decir Shakespeare cuando jamás en su vida había visto a un judío, porque los judíos fueron expulsados a comienzos de 1300 de Inglaterra.

Daniel Goldman – Sarmiento tampoco vio un judío en su vida y sin embargo tiene unos escritos antisemitas terribles…

Daniel Muchnik – No, no. Lo que ocurre es que Sarmiento es un producto de un pensamiento intelectual muy especial. En ese momento –1860/1870–, en todo el mundo reverdecía un pensamiento profundamente antijudío. La izquierda era profundamente antijudía. Es más, yo diría que lo fue y que todavía lo es. Mucha izquierda es profundamente antijudía. Bakunin, el pensador del anarquismo, tiene escritos antisemitas fenomenales. Todos los que participaron de la Comuna de París tenían el ideal bakuniano. Marx es otra demostración de esto. Gran parte de la izquierda ha derrochado escritura antisemita.

Darío Sztajnszrajber – Dani: ¿se puede pensar el *brith milá*, el pacto primigenio entre Abraham y Dios, como una transacción económica?

Daniel Goldman – En realidad, hay dos relatos que aparecen en la vida de Abraham. El llamado "pacto" es algo en donde el otro no eligió. Pero por otro lado hay dos momentos en donde aparece Abraham como un buen negociador. Uno es en Sodoma y Gomorra, cuando negocia con Dios que perdone a las ciudades de Sodoma y Gomorra, y entonces le dice: "Si hubiese cincuenta justos en este lugar, ¿vos no perdonarías?" Dios, que ya sabe la respuesta, dice: "Bueno, si encontrás cincuenta justos, entonces perdono". Es decir, el otro se da cuenta que en la transacción iba a perder y va bajando, hasta que no encuentra ni uno. Otro momento en donde Abraham se revela como buen negociador es cuando tiene a ir a comprar la tumba de su esposa, Sarah. Ahí está el episodio de la cueva de Majpeilá. Abraham empieza a preguntar cuánto vale una de estas cuevas para los habitantes del lugar y los otros le responden: "Claro, ¿qué es lo que puede valer esta cueva?". Es decir, hay una cuestión de cinismo permanente de un lado y del otro, porque los otros le dicen a Abraham: "Está bien, esta cueva no vale nada. Pero, ¿qué es ese dinero que usted va a pagar y que a usted no le significa nada?". Claro, porque Abraham era ya un hombre rico, sobre todo por los animales que tenía. Allí hay toda una cuestión que pasa por ir negociando y viendo cuál es el espacio del otro. En definitiva, en ambos casos –tanto en Sodoma y Gomorra como en la cueva de Majpeilá– los dos salen beneficiados.

Público – Una pregunta muy cortita a Daniel Muchnik. ¿Por qué en la sociedad judía –tanto en Europa como en la Argentina– hubo tanta gente de izquierda?

Daniel Muchnik – Es un proceso de la mitad del siglo XIX, con un mundo judío en gran parte liberado, con una historia de sometimiento y de búsqueda de solidaridad. Ser *mentch* era ser de izquierda. Está también la preocupación por el otro y la preocupación por lo social. Todo esto inclina la balanza a una entrega total al cambio en el destino de la humanidad. Esto fue la izquierda en la segunda mitad del siglo XIX. Por supuesto que hubo muchas mezclas y muchos tipos de izquierda. Es muy enternecedor el recuerdo de Trotsky en el libro *Mi vida* sobre la historia de los judíos en Ucrania. En el libro, hay un hermoso recuerdo, porque Trotsky señala que él es hijo de un campesino rico judío en Ucrania y habla de la historia del campesinado judío que trabajaba la tierra. Con ello desvirtúa todo el mito y todo el prejuicio según el cual los judíos no trabajan la tierra. Allí Trotsky explica cómo su entrada vertiginosa en la vida del estudio y en la militancia política se produce a raíz de un problema de reivindicación. Esto es, sin duda, un signo muy especial del mundo judío.

Daniel Goldman – Hay un famoso chiste en donde se cuenta que el Kremlin estaba en sesión, y de repente Lenin sale de la sesión; entonces Trotsky le dice al resto: "Bueno, el *goi* se fue, así que ahora podemos rezar el servicio vespertino". Creo que hay una cosa muy fuerte que pasa por el vínculo entre lo humanitario, que estaba puesto en situaciones de reivindicación social desde la izquierda en ese momento, y lo judío. Nunca me voy a olvidar algo como lo siguiente. Recuerdo que en la APDH (Asamblea Permanente por los Derechos Humanos) hubo una reunión en la cual estábamos hablando varias personas. Como yo me aparecí en la asamblea, de pronto se me empezaron a acercar todos los judíos que había en la asamblea. Entonces aparece Jorge Pimentel –que en ese momento tenía una barba de rabino– y el tipo que estaba sentado al lado mío me dice: "Ojo que ése es un *goi*. No se confunda". Es decir, había una cosa de vínculo fuerte entre la reivindicación social y lo judío, cosa que lamentablemente se ha perdido.

Público – Otra pregunta, también para Daniel Muchnik. Sé que él es historiador. Quería preguntarle sobre el descubrimiento de América. Yo tengo entendido que Colón, cuando hizo el emprendimiento, tuvo ayuda de banqueros judíos. ¿Eso es así?

Daniel Muchnik – Bueno, Jacques Attali dice que sí, que efectivamente es así. Attali habla de un grupo de banqueros judíos que colabora con Colón en la conquista de América. Pero mucho antes de Colón, los banqueros judíos habían aportado a navegantes de Portugal, aun habiendo sido expulsados de Portugal. De allí los recursos que empiezan a provenir de los banqueros judíos, incluidos los portugueses y los genoveses, que son los que comienzan a dar la vuelta por el África, pasando por India y llegando a Japón. De manera que la presencia del banquero judío es innegable en toda esta lucha por conquistar nuevas tierras. Es más, el judío tiene una activa presencia en la conquista, especialmente en Brasil, donde arriba gran cantidad de judíos conversos que vuelven al mundo judío una vez instalados, haciéndose *bandeirantes*. Esto se produce con financiamiento interno dentro del marco del territorio brasileño.

Darío Sztajnszrajber – ¿Los judíos llegan primero a Brasil antes que a Argentina?

Daniel Muchnik – Sí, sí, llegan primero a Brasil. Es decir, se desconoce si había judíos en el 1600 en Buenos Aires. Seguramente los habrá habido, aunque conversos. Pero sobre todo hay que decir que si los hubo, habían llegado a través de Portugal.

Público – Esta pregunta también va para Muchnik. El comentario que él hace de Attali es llamativo. El de Attali es un libro interesante, porque él hace toda una pintura de la historia judía. Pero se trata de un libro que no sólo por su título sino también por su desarrollo tiene una connotación antisemita. Es muy interesante, pero plantea que desde su nacimiento los judíos estaban ligados con el dinero. Eso se dice sin una explicación, lo cual da para plantear que es una manifestación antisemita. Yo no voy a desarrollar cuál es la idea, pero es muy fácil entenderla. Los judíos entran primero en el comercio como los fenicios o como los sirios, porque están situados en una configuración histórica y geográfica entre las dos grandes civilizaciones de la Edad Antigua. Los judíos se dedican al comercio y partir de eso se pueden explicar el *Talmud*, todas las historias de la *Toráh* y las anécdotas de Sarah y la venta del mayorazgo, entre otras cosas. Todo eso se explica a posteriori, porque los judíos entran en el comercio. Pero si no se explica eso, hay una connotación que nos sugiere que el judío nace con el dinero.

Daniel Muchnik – Contesto rápidamente. Yo no voy a defender a Attali porque este hombre se defiende solo. El libro es una maravilla. No hay en la bibliografía mundial un libro de estas características. Sé y conozco las reacciones como la suya, por amigos míos que se negaron a leerlo ya que el mismo título los perturbaba. Creo que hay que hablar descarnadamente y creo que Attali fundamenta cada cosa que dice. Hay una intensa y vasta bibliografía, es un trabajo de locos. Así que no nos vamos a poner de acuerdo con respecto a Attali…

Público – Yo también quería referirme al libro de Jacques Attali. El señor Muchnik hizo una referencia muy elogiosa hacia el libro, pero yo también tengo la misma sensación que el señor. O sea, la insistencia tremenda que pone Attali en la función de los judíos como banqueros a lo largo de la historia del pueblo judío es, o implica, una postura antisemita. Porque si bien en algunos momentos explica que los judíos no tenían otras posibilidades –por ejemplo, no tuvieron posibilidad del acceso a la tierra– la insistencia es muy fuerte. Creo que una persona que lee ese libro va a tener una actitud antisemita.

Daniel Goldman – Yo leí el libro de Attali, y a mí no me pareció antisemita. Es cierto que el título es muy provocativo. El tema es que siempre tenemos miedo de que aparezca algo provocativo por lo que van a decir los antisemitas. Es decir: ¿les estamos dando pasto a los antisemitas con un libro como éste? En realidad, lo que Attali está diciendo pasa por otro lado. Hay algo que tiene que ver sobre todo con la historia económica. Así como hay una historia social y religiosa del pueblo judío, Attali se dedicó a escribir su historia económica. También se podría escribir una historia sexual de los judíos. Me parece que uno no tiene que tener miedo permanentemente ante este tipo de análisis.

Por otro lado, también se cuestionan algunos análisis según los cuales los judíos nunca tuvieron algo como el éxodo desde Egipto. En realidad esto es interesante. Algunas personas en la sinagoga me decían que yo debía responder a algo como eso. No era momento para que se digan cosas así cuando en el mundo están pasando las cosas que pasan, me decían. Es más, alguien llegó a decir algo como: "Si se enteran que no estuvimos en Egipto, ¿qué hacemos?". En realidad, yo les quiero decir que eso es Biblia I. Hay toda una concepción historicista –que me parece sumamente válida– que sostiene que los judíos no estuvieron en Egipto. Pero si sostenemos nuestra identidad creyendo que si no hubo un acontecimiento histórico ésta no se sostiene, entonces estamos en problemas, ¿no?

Público – Otra pregunta. Venimos escuchando hablar del dinero y del judío y creo que esta asociación nos permite preguntarnos por el poder. ¿Queda como resultado algo como poder, más dinero, más judío?

Mario Wainfeld – Me parece una pregunta muy compleja que alude a muchas cosas. Hay muchas formas de poder en una sociedad, cualquiera sea ella, y el dinero y la posesión de riquezas es una de esas formas de poder. Hay tradiciones culturales y populares que aconsejan desconfiar de los poderosos. Se trata de tradiciones muy nobles, porque desconfiar de los poderosos es la base de todas las tradiciones resistentes. Esa desconfianza les cabe a todos los que de alguna forma son ricos. Lo cierto es que la tenencia de bienes materiales no es la única forma de poder en una sociedad; hay muchas otras formas de poder. Habría que pedirle a Daniel Muchnik que venga y dé una charla de un par de horas, para recorrer todas las vicisitudes y la casuística de situaciones en las que el dinero y el poder estuvieron juntos. Desde mi visión, mi praxis y mi vida tan inmersa en las luchas y la lógica de este sufrido país, me impresionaron dos cuestiones referidas a los judíos en relación con el poder. Una ya se mencionó: la sorprendente pasividad de los integrantes de la colectividad judía en varios de los momentos más horribles de la sociedad argentina, incluso durante el marco de Terrorismo de Estado; un nivel de pasividad importantísimo de muchísimos referentes, que no dieron la nota de la cantidad de víctimas judías que hubo. La Dictadura se ensañó con unos cuantos sectores de la sociedad, pero con los judíos hubo un cierto ensañamiento que no aparecía en la retórica de la Dictadura Militar, porque la colectividad judía es muy fuerte. La sensación que yo tengo es que al menos ciertos grupos comunitarios —de los cuales yo estaba muy distante— privilegiaron mucho que el gobierno no hiciera voz del antisemitismo, aunque hubiera antisemitismo en sus prácticas represivas.

Daniel Muchnik – Salvo la campaña contra Graiver y contra Timerman, en el ´76, que fue de terror… Eso también arrojó sus víctimas…

Mario Wainfeld – Totalmente. Una segunda cuestión que quisiera mencionar se refiere a algo que pasó y también tiene que ver con esta anécdota que me resultó jugosa. Me refiero a esto de que un judío no sea ministro de Economía, lo cual nos habla de que un judío no debe ser nada visible. O sea, un judío no debe ser nada que lo exponga, no debe asomar. El mensaje es complicado, porque aparentemente el mandato es: "Sé profesional, destacáte, estudiá, sé brillante, pero que no te vea nadie". Yo creo que en este aspecto, dentro de la dureza y de las cosas terribles que han pasado en la Argentina desde que yo fui chico hasta ahora, ha habido muchos núcleos comunitarios que plantean esta ida de salir. Es decir, se ha aparecido más y se sale más. Yo tengo el recuerdo —sin haber participado— de las discusiones entre judíos después del atentado a la AMIA a propósito de si el tema era callar o salir. Me parece que hubo algo que pasó por proponer salir y estar en la calle para hacerse ver. Ésa también es otra forma de poder, al que a veces el temor, la introspección, o la tendencia al ghetto –que no sólo se genera desde afuera– tendía a reprimir.

Daniel Goldman – Aunque la intención de la pregunta no tuvo que ver específicamente con la reflexión según la cual la ecuación judío, poder y dinero dan una fórmula explosiva, creo que se puede acotar lo siguiente. Se habla de esto, pero a puertas cerradas, como diciendo que todo esto que hablamos aquí no salga hacia fuera. Pero, ¿saben qué? El antisemitismo no se combate de una manera muy sofisticada. Se combate mostrando qué somos, siendo y aportando lo que podemos aportar. A mí me parece que el punto pasa por ahí. Por ejemplo, hay quienes se preguntan qué pasaría si Filmus se tiene que enfrentar con la Iglesia, cuando la Iglesia es poder. Es decir, es como si cada uno tuviera que andar preguntando y mostrando –en su calidad de judío– que somos más humanos que los humanos. Somos lo que somos y me parece que esto pasa por un trabajo de diálogo en la sociedad, expresándonos en la sociedad tal como somos. ¿El poder es bueno o es malo? Ésa parece ser la gran discusión. Yo tengo una fórmula para esto: cuando es sustantivo, el poder es malo; cuando el poder es verbo, es fantástico. Muy bien, usemos el poder en ese sentido del verbo, en el sentido del "Yo puedo". El problema es que tenemos planteada la relación con el poder de manera sustantiva.

Público – Quisiera retomar el desarrollo que hacía el rabino a propósito del dinero, de la metáfora con la harina, de la cuestión del reconocimiento y la circulación. Quisiera saber cómo se concilia este desarrollo con la imagen del judío prestamista y del judío usurero.

Daniel Goldman – En realidad yo di una versión rápida y hasta apologética de la cosa. Considero y estoy convencido de que el dinero no es ni bueno, ni malo. Ahora, decir que el judaísmo dice tal o cual cosa es un error en términos académicos, porque habría que ver en qué momento histórico se produce eso y en qué lugar. Se pueden decir exactamente las mismas cosas con un sentido inverso. No es contradictorio lo que está diciendo Daniel Muchnik con lo que estoy diciendo yo. El dinero debería ser algo bueno. Por circunstancias históricas se colocó al judío en una situación en la cual el dinero no era bueno. Como no podría comprar tierras, el judío debía definir el cómo iba a vivir. Existía entonces la posibilidad de ser banquero o bien un profesional; o te dedicabas a ser joyero, o a ser óptico, o contador, llevando dinero de un lado a otro. Ahora bien, desde la postura de las fuentes judías sabemos que los judíos fueron trasladados de unas tierras a otras. Estamos hablando de un mundo agrícola. Este planteo del dinero y del circulante es un planteo hecho desde el punto de vista del mundo agrícola.

Público – Otra pregunta. Me pareció que se abordó bastante esta cuestión de los judíos y el dinero como aquello que nos diferencia o nos diferenció del otro. Me parece que lo interesante sería abordarlo, como lo hizo Daniel, en relación a la actualidad, como aquello que hoy en día nos emparenta con el otro. Justamente, lo que nos hace indiferenciarnos del otro es la forma en que hoy por hoy se conciben las relaciones económicas y la circulación, o no, del dinero. Es válido aquí distinguir entre los judíos y el judaísmo. Los judíos estarían reproduciendo un montón de relaciones económicas y también formas de concebir la pobreza y la lucha contra la pobreza.

Daniel Goldman – El tema es largo, pero yo quisiera hacer referencia a la primera parte de la pregunta. En cualquier sociedad, por una cuestión antropológica, siempre hay un chivo expiatorio. El chivo expiatorio de lo económico siempre fue el judío, al menos en la sociedad occidental. Ahora, es interesante ver si alguien se preguntó quién es el chivo expiatorio en este sentido dentro de Israel. ¿Saben quién lo es? Es el judío persa, que es tomado como el tacaño. Es más, no se lo toma en su categoría de judío sino directamente de tacaño, así como aquí en Argentina se tomó al gallego en su categoría de bruto, o en Brasil se tomó como bruto al portugués. Hay un estereotipo a partir del cual esto funciona. El problema es cuando eso pasa del nivel del chiste y alcanza un nivel de acción.

Darío Sztajnszrajber – Me encantó esta tertulia, tal como la hemos denominado. Los veo a todos muy atrapados con los diferentes desarrollos. A mí me queda la sensación de que con el tema de mi judaísmo y el dinero yo tengo que hacer algo. Por ahí me dicen que lo mejor que puedo hacer es gastar tranquilo. Pero es algo que está presente, y hay que ver hasta qué punto uno puede trabajar con eso. Tal vez la vida entera pase por este trabajar con ciertos condicionamientos que uno no elige. Uno está arrojado a este mundo y le toca enfrentar esto. Bueno, ¿alguien quiere cerrar o decir algo más?

Daniel Muchnik – Creo que el tema de la realidad y especialmente el prejuicio del judío amarretón no es una cosa que uno pueda doblegar como una hoja, sino que es algo que va a estar...

Daniel Goldman – Hay un punto en que a mí eso me resulta simpático, sobre todo cuando te dicen: "Che, te mandaste una rusada". No sé si sabías que el único nombre que un judío no puede llevar es Gastón...

Daniel Muchnik – En el hablar cotidiano del hombre del interior ha quedado como forma de lenguaje –yo soy entrerriano y amo el campo– la expresión "Me hizo una judiada". ¿Cómo le explicás al tipo que está metiendo la pata? El otro simplemente lo "jorobó" y nada más. Entonces, ¿cómo modificás ese tipo de cosas? Esto es algo que se hereda de padres a hijos y se va trasladando. Creo que la única manera de ser judío –y aclaro que yo soy un judío agnóstico, es ejercer el semitismo, es decir, ser judío. Ser judío es una forma de ser, de pensar, de reflexionar, y de comprometerse con las cosas.

# Capítulo 2
Polémicas

# Judíos en conflicto: política israelí y judaísmo(s)

*29 de Agosto de 2006*

## Disertantes: Ricardo Forster, Alejandro Horowicz

Darío Sztajnszrajber – Nos acompañan Alejandro Horowicz y Ricardo Forster para hablar de un tema polémico y necesario, pero ausente en la comunidad judeo-argentina y en la comunidad judía en general. Ustedes saben que a partir de la denominada "Guerra del Líbano", se suscitaron muchos debates. Entre ellos, a partir de un texto que escribió Alejandro Horowicz, el publicado en forma de solicitada en Página 12 con el título, si no me equivoco, de *Paremos con el genocidio del Estado de Israel*. En el *blog* que da origen a la solicitada rubrican el texto con sus firmas muchos intelectuales y personajes de la cultura y la academia argentina. Creo que ya han firmado más de tres mil personas. A partir de ello y de algunas opiniones que Ricardo Forster también vertió en la prensa, consideramos que el debate profundizará las posturas.

Alejandro Horowicz – Si tuviera que empezar a pensar el problema del Medio Oriente, diría que lo más complejo es el "error de cálculo". Probablemente el error de cálculo, en términos de teoría, sea un punto rengo y ciego. Tomando la famosa metáfora del pastorcito mentiroso, se sabe que la misma tiene dos presuposiciones. La primera es que el pastorcito sabe que es un mentiroso y la segunda es que los que allí participan le avisan que, en el caso de que mienta, no va a contar con ellos. ¿Pero qué pasa si el pastorcito no es un mentiroso, si él realmente cree honrada y genuinamente que eso que está ahí es el lobo? El problema salta de rango, cambia de cuestión y de plano volviéndose muy complejo de analizar porque lo que todos damos en llamar el "principio de realidad" no siempre se presenta a todos del mismo modo.

Podemos dar decenas de ejemplos sobre el error de cálculo y voy a ser particularmente amable al llamarlo de este modo, ya que en última instancia *también* es un error de cálculo.

Voy a arrancar por el primero de los grandes errores de cálculos, cuando Albert Speer, Ministro de armamentos de Adolf Hitler, le indica en alguna oportunidad al Führer que la guerra está perdida. Entonces el Führer lo mira asombrado y pregunta: ¿por qué? Speer le dice: "mire, si en todos los enfrentamientos aéreos, entre pilotos alemanes y norteamericanos, los alemanes ganaran siempre, lo que es estadísticamente imposible, obviamente, aun así, ellos son capaces de producir más aviones de los que nosotros podemos tirar". Esto fija un límite que está más allá de cualquier clase de discusión ética, aunque no me vaya a olvidar de ésta de ningún modo. Simplemente estoy subrayando con mucha crueldad que hay rayas intraspasables. La realidad se impone.

Cuando uno mira el conflicto con Irak y mira la invasión norteamericana a Irak, ve un error de cálculo mucho mas reciente. No sólo porque el Presidente de los Estados Unidos mintió a sabiendas, ya que no ignoraba que no había tales armas químicas de destrucción masiva. Sino por una cuestión muchísimo más grave: porque entró en un pantano del que difícilmente salga, ya que si algo unifica al conjunto de elementos dispersos de la sociedad iraquí, es que la caída de Saddam entre otras cosas, la redujo a un conjunto de ordenamientos casi tribales: chiítas, sunitas y kurdos. La posibilidad laica de organizar esto de algún modo simplemente militar –y no estoy hablando de si es justo o si no es justo, si está bien o no está bien– es imposible. Es evidente que por ese camino a lo único que va es a un entierro continuo y sistemático, es un callejón sin salida.

Uno puede decir, más allá de que esté bien o mal, tomando una ecuación general más amplia, cuál es la regla de oro para saber si una guerrilla de cualquier signo funciona. Hay dos cuestiones que deben darse. La primera es que el problema del abastecimiento militar no es un problema de la guerrilla sino de sus enemigos. El principal aporte para su propio abastecimiento siempre es el equipo que dispone el enemigo. Pero esta no es la más importante de las reglas; la más importante de las reglas es la del reclutamiento. Si cada vez que cae un combatiente, hay al menos dos dispuestos a cubrir las filas, esa guerrilla por más que reciba, uno, dos o veinticinco garrotazos militares, no sólo no está política ni militarmente muerta, sino que está en expansión y crecimiento. Si algo sabía el General Charles De Gaulle, que conocía largamente este problema, era precisamente que el FLN Argelino no reclutaba, sino que era el ejército francés que reclutaba para el FLN Argelino. Por eso, y a pesar de que el FLN Argelino jamás ganó ninguna batalla, ni marginal ni decisiva, es más, ni siquiera pudo controlar un pedacito de territorio en Argelia, De Gaulle, con sagaz inteligencia dijo "hay que salir de acá ya". Por eso Francia pudo salir de Argelia en condiciones "razonables". Cuando me pregunto sobre las condiciones de posibilidad de la operación militar que acaba de terminar en el Líbano, basta hacer una simple descripción, para ver el disparate que allí se presenta. El objetivo enunciado es recuperar unos soldados, el método fue destruir el Líbano y, encima, los soldados no se recuperaron. Peor error de cálculo imposible. Entonces uno dice: "puedo admitir que ese no es el camino del Líbano, pero, ¿qué camino nos dejan?, ¿nos dejan algún camino?" Vamos a repasar el ejemplo de las condiciones políticas de Medio Oriente para ver qué nos dice esa peculiar historia, qué aporta la guerra y qué no aporta la guerra.

Menajem Beguin era un seguidor de Jabotinsky, que era, ni más ni menos, que un admirador explícito de Mussolini. Anwar Al Sadat, era un joven Teniente, durante la Segunda Guerra Mundial, admirador de Rommel. Uno era el responsable de la voladura del King David, el otro de la política que junto con Nasser siguieron hasta 1974. Esos dos que ideológicamente estaban de hecho en las antípodas, dejaban a un lado sus valores para pactar la paz. De ahí en más en esas fronteras hubo (y hay) una razonable situación de coexistencia. La paz con Jordania la hizo Rabin. Uno puede pensar que esto pasó porque Rabin era un militar de muy alta escuela. Pero voy a recordar que esa estrategia salía de un partido de izquierda y Rabin, que había estado en su formación inicial en un kibbutz, enfrentaba a Dayan, para colonizar Cisjordania. Éste último se oponía a la colonización de Cisjordania, pero Rabin lo empujaba en esa dirección. El mismo personaje que propuso la colonización, propuso y obtuvo la paz con Jordania y un acuerdo con el jefe de la OLP, Arafat.

¿Por qué señalo características tan personales? Porque a nadie se le escapa que colonizar Cisjordania, no es un signo para construir ningún acuerdo negociado. A nadie se le escapa que no hay peor signo para negociar – más allá del contenido de la negociación – que la colonización de Cisjordania. Esa decisión política cierra toda negociación de paz. La guerra es política, se trata de saber si esa es la política adecuada o no, y lo que yo estoy planteando es que ésa no sólo no es una política adecuada, sino que es una política sencillamente suicida. Mirando simplemente los datos estadísticos: hay 800 millones de musulmanes. ¿El planteo cuál es? ¿Enfrentar "civilizatoriamente, militarmente" a 800 millones de musulmanes? Es un disparate. Es un planteo que no se sostiene ni se puede sostener.

Tomemos un rasgo más cruel todavía; atendamos a la política argentina, miremos la destrucción de la guerrilla en la Argentina y veremos la cuestión central de este análisis. Cuando el gobierno de Videla se propone exterminar al enemigo, tiene la posibilidad de hacerlo por una simple razón: porque cada uno de los que caía, cada una de las bajas, no tenía reposición. Había un límite para ese movimiento, que fue primero ahogado y que después una carnicería terminó con él. El problema es simple, cuando uno mira ese debate de la sociedad argentina y ve qué pasó con las victimas, uno sabe una regla de oro de las ciencias sociales: "nunca nada sucede que la compacta mayoría no desee que suceda". Cualquiera que recuerde la Batalla de Varsovia, cuando el ejército polaco respondió con cargas de caballería al paso de las *panzer-division* de Hitler, sabe que no faltaba heroísmo en los oficiales polacos. Cualquiera que conozca la historia de Dinamarca, sabe que Dinamarca no hizo absolutamente nada para evitar el ingreso de los oficiales nazis. Pero cualquiera que vea un mapa de Polonia, ve que la mayoría de los campos de concentración estaban en territorio polaco y cuando llegó el momento de masacrar judíos, los polacos se peleaban con los nazis para ver quiénes los mataban. Eran heroicos para defender su suelo, eran antisemitas hasta el exterminio. Cuando se plantearon en Dinamarca las leyes de Nüremberg y la famosa ubicación de la estrella de David, quedó muy claro cuando el príncipe heredero de Dinamarca, se cosió en su capote militar una estrella y durante dos horas caminó por el jardín del palacio, para que quedara bien claro qué pensaba él de la cuestión. Casi no hubo victimas judías de Dinamarca... ¿Por qué? Porque los dinamarqueses no querían, no eran heroicos y no eran tan antisemitas hasta el exterminio. Nada que la compacta mayoría no decide que suceda efectivamente sucede. Es este el juego de las reglas, de la comprensión. Vuelvo al ejemplo de la dictadura en la Argentina y del exterminio. ¿Qué tenían que decir las madres cuando intentaban hablar con los militares? Tenían que preguntar por sus hijos, tenían que preguntar cómo y dónde estaban; tenían que preguntar qué necesitaban, pero lo que no podían decir, ni media vez, era qué pensaban sus hijos. Porque decirlo se punía exactamente igual que hacerlo. ¿Por qué era posible punir esto en estos términos? Porque la sociedad argentina respaldó estos términos. A nadie se le puede escapar este dato.

Aquí viene la segunda línea de análisis respecto de la sociedad argentina y del judaísmo argentino. ¿Qué hizo la dirección de la comunidad judía de la Argentina en esos años terribles? ¿Qué hacia cuando Senadores demócratas preguntaban si había antisemitismo en Argentina? Había mil cien chicos y chicas desaparecidos. ¿Qué pasó? Silencio.

Después vino el atentado de la Embajada y de la AMIA. El abogado que representó a las instituciones judías fue acusado por sus pares de complicidad directa con el encubrimiento del atentado. El comportamiento de la dirección, y lo digo con amabilidad, fue simplemente bochornoso. ¿Esto a qué remite? Yo no quiero votar la teoría general de por qué pasó, no me interesa. No es que no exista, existe, pero simplemente quiero que tengamos en cuenta tres cosas. La primera es que esa mediocre dirección no fue capaz de orientar de ningún modo a los miembros de esta comunidad, ni entonces, ni hoy. La segunda es que el poder, sea cual fuere, les parece siempre bárbaro. La tercera es que no tienen delimitación ni ideológica, ni valorativa, ni cultural ni política. Esto es grave porque tiene que ver con qué ideas tenemos acerca del judaísmo que queremos practicar. No es que yo me quiera hacer el dueño de la cuestión de mi versión. No, de ningún modo. Simplemente digo que es verdad que hay muchas variantes posibles y legítimas, pero también digo que hay variantes que no son legítimas. Si algo nos enseñó el juicio de Eichmann en Jerusalem es la extraordinaria complicidad de la dirección de la comunidad judía en toda Europa y que el propio Eichmann pudo presentar testigos judíos a su favor explicando lo honrado justo y cabal que era, lo razonable que era tratar con él. Esto no sucedió en medio de un *pogrom*, esto sucedió en el Estado de Israel, en Jerusalem.

Entonces pego la vuelta y digo: no es una discusión de izquierdas y derechas, esta no es una discusión entre progresistas y conservadores. Uno puede ser tan conservador como tenga ganas o tan progresista como le venga bien. Es simplemente el principio de realidad el que nos dice con claridad que Israel alcanzó, a través de la guerra, todo lo que es alcanzable a través de la guerra, además de una razonable situación respecto de sus vecinos. Lo que le queda, surge de admitir que ésos son sus vecinos y que va a tener que convivir con ellos y que en última instancia para que Medio Oriente no sea un barril de injusticia, provocación y dolor, Israel tendría que plantearse la posibilidad de una confluencia supranacional. Así como existen el MERCOSUR y la Comunidad Europea, tiene que existir, como único camino para resolver el conjunto de los conflictos allí planteados, como solución política y democrática, una forma política que incluya a los que hoy quieran vivir en paz.

Darío Sztajnszrajber – Vos sabes Alejandro que debo preguntarte por un par de conceptos que también dieron origen a esta charla y, básicamente, sobre algo que significa mucho para los judíos, que es el termino "genocidio". Es algo que en tu exposición no apareció.

Alejandro Horowicz – Sí, tenés razón. En realidad surge, si vos querés, de lo simplísimo de todo el debate. Cuando yo creo que tengo una solución militar que no tengo, no puedo no ser un genocida. Como no obro con honradez y claridad, cuando creo que puedo hacer lo que no puedo hacer, termino haciendo un charco de sangre. Puedo matar mucha gente, puedo producir mucho dolor y puedo seguir planteándome lo mismo. La pregunta es muy simple: después de lo que pasó en el Líbano, ¿qué va a pasar la semana que viene, el mes que viene, o el año que viene? ¿Otra vez? ¿Cómo se llama eso? ¿Qué es eso?

Ricardo Forster – Le agradezco a Darío que nos haya invitado a Alejandro y a mí a conversar. A poder quizás, fuera de las intensidades y las deidades del papel prensa, trabajar las palabras y predicar un poco, discutiendo entre nosotros algunos acontecimientos, ciertas historias, ciertas miradas diferenciadas. Que de toda la exposición de Alejandro, que a mi me gusta, sentida y apasionada, yo podré tener algunas diferencias de interpretación política, cierto gesto de incredulidad ante las ciencias sociales como dominadoras de un secreto para explicar el orden de las cosas; pero en general no siento una profunda diferencia ni disidencia respecto a ciertas políticas, ciertas actitudes, a ciertas construcciones negativas en el interior de la historia del Estado de Israel a lo largo de varias décadas. En mi opinión, no es el meollo de la discusión, si Rabin, o si Beguin, o si Barak o si Sharon. O si la actual política israelí construye tales o cuales mecanismos de negación de su propia inteligencia para preservarse como Estado, que es una discusión importante, significativa, que le da al Estado de Israel un estatuto de estado social, político y de Nación que se enfrenta a conflictos, contradicciones, diferencias internas, a una situación de hostilidad externa y, a veces, también interna; con una conflictividad política, social e ideológica en el interior de su sociedad y una conflictividad dramática en su relación a esos países, a esas naciones que confluyen en el mismo espacio.

Yo no pondría en discusión, porque podríamos estar toda la noche discutiendo, desde 1948 en adelante, lo acertado o lo erróneo de distintas construcciones desde el momento de la Independencia, e incluso podríamos ir más atrás, a los años veinte o treinta, al gesto fundacional del sionismo; podríamos recordar que el sionismo no es un movimiento unívoco, cerrado sobre sí mismo, puramente nacionalista o de derecha, del modo del Irgún o de Beguin, o del revisionismo. El sionismo ha sido, también, el espacio de confluencia al socialismo de tradiciones libertarias y comunistas. En el interior de eso tan complejo, abigarrado, múltiple, que fue la calle judía que comenzó la construcción de una ideología muy breve como podría ser el sionismo; allí habitaron diversas sensibilidades y una de esas sensibilidades minoritaria absolutamente durante muchísimo tiempo, fue la que sin ninguna duda podríamos llamar sensibilidad fascista. ¿Por qué sentir rubor al descubrir que en el interior de los judíos o del judaísmo, hubo y seguirá habiendo fascistas? Hubo y seguirá habiendo cómplices, hubo "*kapos*" en los campos de concentración. Yo no compro la argumentación final del texto de Hannah Arendt sobre el juicio a Eichmann, que casi coloca a los consejos judíos, prácticamente, como responsables del nazismo. Me parece que ahí hay una exageración de Hannah Arendt y esto nos lleva a otra polémica y a otra discusión.

La compleja trama de la construcción del exterminio, la sorpresa, lo inédito, lo terrible, lo inimaginable de un proceso histórico que literalmente se devoró a toda una comunidad multigeográfica como era el judaísmo en aquellos tiempos, sin que el mundo hiciera absolutamente nada. El mundo, entre comillas, "el mundo" naturalmente fascista era cómplice y participaba de esa aniquilación, el mundo democrático también, de diversos modos, hizo posible, de manera cómplice, el exterminio de judíos, y obviamente, de gitanos, y de muchos otros más que fueron reducidos a nada en el interior de los campos de concentración. No me parece, de todas maneras, que ésa sea la discusión, no hay nada más equívoco, complejo y, hasta en algún punto, perverso, que establecer comparaciones entre lo que hoy está sucediendo en Medio Oriente y la *Shoah*. Pero es allí donde hay un punto de inflexión, un lugar de silencio que me parece clave tener en cuenta del exterminio nazi. En la construcción sistemática de una política de exterminio se aniquiló a un pueblo, se aniquiló la idea misma de lo humano en el interior de un judío, del gitano y del homosexual. Una política eugenésica, una biopolítica, una concepción de raza superior que construyó un sistema político, económico, social e ideológico que desde el comienzo de su propio itinerario sabía que su objetivo era el exterminio del otro. Allí hablamos de exterminio y de genocidio, que era más radical, porque incluso no le alcanza el término de genocidio para la lógica de ser nazi. Uno puede decir que la política de los jóvenes turcos en 1915, 1916, llevó al genocidio de un millón y medio de armenios, pero no había en la ideología, en la política, en el sistema "biologicista" de los jóvenes turcos la idea de exterminar hasta el último armenio de la faz de la tierra. No querían armenios en la gran Turquía y esa consecuencia llevó a la muerte, de distintos modos, a un millón y medio de armenios.

Podemos hacer un recorrido espantoso de la historia de los genocidios. Los genocidios explican también el deseo de dañar hasta las últimas consecuencias y cuando devienen en políticas de exterminio, suponen una construcción ideológica y una concepción de la vida, en la cual el otro no tiene derecho a la vida; no solamente al territorio, no solamente a construir un Estado, sino que no tiene derecho a participar de la sociedad de lo humano. Ésta fue la política, si ustedes quieren, del nacionalsocialismo. Aunque nos llevaría muchísimo tiempo y tampoco es el caso, hay que plantear las diferencias entre Auschwitz y el Gulag soviético, porque no fueron tampoco lo mismo. Me parece que es fundamental en estas épocas de simplismo, de achatamientos, de rebajar la discusión de verdad a lógica periodística; me parece fundamental buscar la complejidad de la historia, mirar hacia atrás, discutir conceptos, sentir en la piel las diferencias, las divergencias, volver hacia atrás para recuperar distancias de la experiencia histórica que no nos puede hacer reducir un acontecimiento del presente, a parte de una misma historia donde finalmente todo es más o menos igual.

Dicho esto, me dirijo a Alejandro, me parece que es parte de nuestra conversación (y nuestra discusión) el hecho de que las palabras no sean pronunciadas sin hacerse cargo de lo que están significando en términos históricos. No me interesa defender, ni mucho menos, la política actual del gobierno israelí; jamás lo hice y me diferencio desde siempre de las políticas de la dirigencia comunitaria argentina. Comparto absolutamente lo que dijo Alejandro acerca de la mezquindad, la cobardía y la complicidad de dirigentes que estaban allí para defender los intereses de la comunidad judeo-argentina y que fueron cómplices de políticas de ocultamiento y de formas de cobardía ética. Pero también hubo otros, que miraron de otra forma las cosas, por eso yo no reduzco la comunidad judeo-argentina a su dirigencia. Por suerte la historia de la comunidad judeo-argentina es tan vasta y tan compleja, que no puede ser reducida solamente como cómplice. Ha sido también la que ha participado desde siempre en la historia política, social, ideológica, cultural, económica, científica de Argentina con todas sus contradicciones y con todos sus matices. Hay allí adentro judíos de todo tipo, basta meterse en cualquier novela de Bashevis Singer, para darse cuenta que en la Varsovia de los años veinte había judíos de todo tipo. Spinozistas, materialistas, ateos, ultra-religiosos, jasídicos, comunistas, anarquistas, tolstoianos, lo que ustedes quieran, pero tampoco hay que perder de vista que hay una memoria, una tradición, que a lo largo de los últimos siglos alimentó la savia, la experiencia, la tradición del judaísmo y que tuvo que ver con su vinculo con lo emancipatorio, con la libertad, con la redención, con los ideales. Eso no implica que no hubiera habido también en el interior de ese mundo judío, complicidades, políticas nefastas, nacionalismos espurios, fanatismos que terminaron, entre otras cosas y no hace mucho tiempo, con el asesinato de Rabin en Israel. Seríamos absolutamente ingenuos si imaginásemos por un instante que el mundo judío es una especie de dechado de virtudes; también es un lugar atravesado por inflexiones de distinto tipo, por malversaciones.

Pero, por transformar rápidamente ciertas políticas a esa especie de construcción imaginaria de lo judío, o reducir la experiencia histórica compleja e inequívoca del Estado de Israel a una política genocida, me parece que no hay sólo un exceso de vocabulario, un exceso de palabras, sino que implica también una misión equivocada de la propia experiencia histórica de una sociedad como la israelí, que no es, repito, ningún dechado de virtudes, pero que a lo largo de su periplo histórico con muchas dificultades ha logrado construir una Nación en una geografía en la que, convengamos, no son bienvenidos los judíos. Porque me gustaría hacer una pregunta, que hacía un amigo, que me inquieta y sobre la que yo no había meditado demasiado. ¿Por qué ya no quedan judíos en las Naciones Árabes? Casi ni quedan. Quedará alguno quizá en Damasco, otro habrá seguido su vida cotidiana en Bagdad y no sé si habrá en Teherán.

Es decir, me parece que hay algo que se nos plantea desde el lugar del racismo y del prejuicio; que no sólo y únicamente habita una sociedad como la israelí, que tiene prejuicio y que tiene racismo, no sólo hacia los árabes; lo ha tenido y lo sigue teniendo respecto a los judíos etíopes y a los judíos rusos, como lo tienen otras sociedades del mundo. El racismo es un flagelo que atraviesa esta sociedad, en eso estoy de acuerdo con Alejandro cuando dice "cuidado cuando la mayoría quiere algo, porque si hay posibilidades de que ese algo se realice, se realiza". Hoy más que nunca la sociedad israelí está atravesando un momento de extrema peligrosidad como sociedad que se quiere diferente a lo que está siendo, por el rasgo creciente de militarización, por el avance de los sectores más retrógrados de la derecha israelí. Por supuesto que eso es de una altísima peligrosidad y todos los judíos de la diáspora —que no tenemos que rendir pleitesía a Israel, sino sostener un espíritu crítico— debemos, una y otra vez, señalar nuestras diferencias, buscando lazos de comunicación con muchísimos de aquellos israelíes, judíos y árabes israelíes; y también con muchísimos de aquellos palestinos que tienen la misma proyección que implica la idea de una sociedad en paz de dos estados que puedan convivir. Yo comparto absolutamente la idea que planteaba Alejandro de la construcción de un espacio en el cual no sea la guerra la que determina las relaciones imposibles entre dos estados, sino que sea un espacio de reconocimiento mutuo. El primer paso, para ese reconocimiento, es la deuda inmensa que Israel tiene con el mundo palestino. Tenemos una deuda con el mundo palestino, deuda de dolor, deuda de sangre, deuda de canallada, deuda de equívocos, de la misma manera que no nos hacemos los inocentes y los ingenuos, sabemos que en el interior del mundo palestino, hay sectores que no quieren la paz con Israel. Eso hace más compleja la construcción de la paz, pero los dos ejemplos que daba Alejandro me parece que son interesantes de retomar.

Hay un texto maravilloso de Levinas que recuerda la paz firmada, paradójicamente, por Beguin y por Sadat, que dice fue "casi un acto que me devolvió la esperanza en una realización mesiánica de la historia. Que los enemigos ancestrales, que no podían entrar a la casa del otro se pusieran de acuerdo, implicaba a mis ojos la posibilidad de la construcción de otra historia". A veces en la rapidez con la que nos estamos devorando el mundo presente, perdemos de vista esas situaciones, esas biografías que están detrás nuestro, esos pasados. Beguin no va a limpiar su pasado por haber firmado la paz con Sadat, pero los dos ponen en evidencia algo que es claro: la guerra no puede ser la forma única, interminable y eterna de la relación entre los Estados. Tarde o temprano, —ojalá sea más temprano que tarde—, tendrá que haber acuerdos, tendrá que crearse la condición efectiva y no fraudulenta para la construcción de un Estado palestino, no de una Autoridad Palestina, sino de un Estado palestino con derecho a Gaza, Cisjordania y a la división de Jerusalem, si es que Jerusalem no puede ser Ciudad Internacional. Miren hasta donde llega mi posición: Jerusalem Ciudad Internacional.

Incluso imagino que Israel pueda en algún momento de su periplo de su historia, en mejores condiciones, volver a abrir su geografía a muchísimos de esos palestinos que perdieron, en un momento fatídico de la historia, su propia tierra. No solamente los que van a regresar a Gaza, no sólo los que vivieron en la mitad de Cisjordania, sino a muchos aquellos que perdieron sus casas y sus tierras en territorio que hoy nadie le discute a Israel. Pero tampoco puedo olvidarme que 1948 implicó la creación del Estado de Israel con el acuerdo y la legitimación de las naciones del mundo. De aquella Unión Soviética que no tenía ninguna visión bucólica con respecto al judaísmo, porque si algo no tenía Stalin, era simpatía por los judíos. Incluso el General Perón también aportó en su momento a la creación del Estado de Israel. Quiero decir, el Estado de Israel, no fue producto de una decisión arbitraria. Hoy se recuerda que el nacimiento del Estado de Israel fue un producto de la guerra, pero les pediría que me nombren un sólo Estado, si somos consecuentes con nuestra crítica, que pueda no ruborizarse respecto a las violencias fundacionales. No hay uno. Creo que Alejandro comparte esto también. La esencia del Estado, entre otras cosas, es cierto uso de la violencia y un Estado se vuelve terrorista cuando ese uso de la violencia se hace sin respeto, sin dejar derecho a defenderse ni legal, ni físicamente. Recuerdo el horror que sentí cuando la Corte Suprema de Israel, o ciertos jueces de la Corte Suprema de Israel, aceptaron la aplicación de tormentos físicos bajo determinadas condiciones. Me resultó, y me sigue resultando, escandaloso y moralmente inaceptable. Lo mismo me sucede con las posiciones de la derecha israelí, y con cierta izquierda israelí incapaz de diferenciarse de esa derecha. Pero ésa es una discusión que podemos tener de acá a la eternidad. Algo muy diferente a discutir esas políticas, a discutir si Barak fue lo mejor que se pudo ofrecer en su momento, o si Barak fue una ficción, o si Rabin era una paloma o un astuto halcón, que en determinado momento se dio cuenta que había que girar. Quiero decir, la discusión podría ser interminable. La sociedad israelí, para quien la conoce, es una sociedad demasiado compleja, demasiado al límite de sí misma como para reducirla a un simplismo.

En relación al impacto del conflicto en Argentina, quiero decir que cuando León Rozitchner saca un texto en el que se pregunta: "¿se puede seguir siendo judío?", a mí me produce un malestar interno. Quien conoce a León Rozithcner –yo lo conozco hace muchos años–, puede decir que le salió la vena profética de aquellos profetas del Antiguo Testamento que le decían al pueblo que era miserable, que era responsable de todo lo que estaba pasando. Es una vieja tradición judía, que no es menor y que ha sido muy benéfica en el interior de su historia, decir: ahí está el responsable. No lo busquen afuera, nosotros somos los responsables de nuestra bajeza, de nuestra maldad, de nuestra injuria, de nuestra idolatría. No puedo aceptar esa frase y ese texto: "¿podemos seguir siendo judíos?" ¿Qué significa eso? ¿Qué significa exigirle al judío, como otro amigo escribía por ahí, después de la *Shoah* y del exterminio, que sea el más justo entre los justos? Después del exterminio viene la otra lógica. Casi parece la Epístola de los Romanos de San Pablo: "si ustedes no reconocen el advenimiento del Mesías, están demorando la redención de la humanidad, por lo tanto como los judíos no reconocen el advenimiento del Mesías son los responsables de que todos nosotros vivamos infelizmente".

Después de haber sido exterminados literalmente, resulta que aparte tenemos que construir el legado más maravilloso sobre una faz de la tierra podrida, porque si no lo hacemos, somos la peor de las naciones. Llama la atención. A mí me importa un "bledo" que sea un judío, o no judío, el que dijo esto. La tradición judía es grandísima y venerable. Vuelvo a insistir: hacer críticas radicales respecto a la propia condición judía. Por lo tanto no me molesta. Recuerdo un texto extraño y maravilloso de Isaac Deutscher, el biógrafo de Trotsky, uno de los dirigentes importantes del mundo intelectual judío del siglo XX, que venía de una familia hasídica. A los trece años estaba llamado a ser un maestro del *Talmud* y a los catorce fue iniciado por un trabajador de imprenta de su padre en las ideas emancipatorias, laicas y ateas. Para convencerlo, una vez lo llevó el día de *Yom Kippur* a comer un sándwich de jamón sobre la tumba de un viejo rabino. Ese Isaac Deutscher también es un judío. O judía es la respuesta de una Rosa Luxemburgo cuando dice... "yo no siento sufrimiento especial por lo que les pasa a los judíos, sufro por el conjunto de la humanidad". Ahí también está la respuesta judía, de la misma forma que es la respuesta judía como cuando Löwy dice: "el Estado de Israel, no es mesiánico, no tiene ningún destino maravilloso en el interior de las naciones ni su justificación, ni su legitimidad le viene dada por Dios. En un momento determinado, los judíos se cansaron de girar por el mundo y fueron demasiado lastimados y quisieron tener un hogar y a eso lo llamaron Estado de Israel, una tierra que creían que los vinculaba con sus ancestros". Lo dice Löwy, un filósofo religioso radical de la tradición judía del siglo XX, que mezcló increíblemente la ortodoxia mas extrema con Marx, con Maimónides, con la Ilustración y que dijo... "no mezclemos las aguas, nada de legitimidad bíblica, legitimidad política, tenemos el mismo derecho a existir que el Paraguay". Me parece que éste es un punto y lo reduciría al mundo árabe, hoy hegemonizado por ciertas corrientes del pensamiento político de cierta raíz islámica integrista, que concibe como meollo de una construcción política la inexistencia o la exclusión del Estado de Israel. Por supuesto que ustedes saben concretamente qué es la política, se negociará... incluso se va a negociar quizás con *Hamas*, o con Irán... quién lo sabe eso...

Pero no es cierto que Israel haya negado la existencia de sus vecinos, sino, todo lo contrario. Incluso un sector fundamental de la sociedad israelí, viene bregando y batallando, a veces en mayoría y a veces en minoría, por la existencia de un Estado palestino. No es cierto que el Estado de Israel quiera liquidar al Líbano, o exterminar al pueblo palestino, construir un genocidio contra los árabes; todo esto es falso. Aunque haya políticas de sectores importantes de la sociedad israelí que sean racistas y exterminadoras, me niego a separar total y absolutamente eso que está allí y que es el Estado de Israel de mi propia condición de judío-diaspórico. Digo esto, aunque en más de una ocasión he escrito y sigo escribiendo sobre la necesidad impostergable de una autonomía real del judaísmo diaspórico, para seguir enriqueciendo la tradición tumultuosa del judaísmo y de los peligros que conlleva la reducción del judaísmo a Estado Israelí. En la diversidad, en la multiplicidad, está la posibilidad de la continuidad. Los riesgos están dados por aquellos que imaginan que el judaísmo empieza y termina en el Estado de Israel, o por aquellos que rápidamente homologan ciertas políticas a genocidio.

Alejandro Horowicz – Discutir con Ricardo tiene ciertas ventajas. La primera es que uno puede ahorrarse las dos terceras partes de la discusión, lo que no es poco. En el tercio restante vamos a hacer lo que yo llamo una exageración pedagógica. Por cierto, Ricardo, tiene que ver con la mejor tradición judía. Como yo tengo solamente treinta y seis generaciones de rabinos, tengo algún derecho a ejercerla.

¿De qué estamos discutiendo con esto del genocidio? Yo podría hacer una especie de maldad filológica y decir que el termino que utilicé en la solicitada, genocidio, es sólo una exageración pedagógica o simplemente entender un hilo conductor. Ricardo tiene razón, yo usé un término exagerado para el contexto, he dado un golpe de efecto, no de los más nobles, que ha reducido la cuestión a subrayar malévolamente algo que no debía ser subrayado.

Primero quiero decir que no tengo ningún inconveniente en reconocer, si este fuera el caso, que me equivoqué, si me hubiera equivocado. Es decir, no tengo ningún empacho en retroceder. No estoy haciendo de esto una discusión por el honor, ni siquiera por ese pedacito del honor. Simplemente quiero recordar que Ricardo citó algo que viene y no viene a cuento, que es el artículo de León. ¿Qué quiere decir León cuando nos pregunta si se puede seguir siendo judíos? Primero, todos sabemos que no hay modo de dejar de serlo. En consecuencia: ¿es sólo una pregunta retórica? No. Lo que él nos quiere decir es que hay ciertos comportamientos que nos llevan al límite y en ese límite decimos con toda la fuerza del caso: ¡No!, ¡esto no!

Pero entonces yo pregunto: ¿la muerte de Rabin es un asesinato? Es mas grave, es un golpe de Estado. Con ese golpe de Estado se modifica en veinticuatro horas un proyecto político, queda claro que hay un problema crucial que yo podría definir así: no es lo mismo ser un General victorioso en la guerra, que un General victorioso en la paz. ¿Por qué? Porque hace falta otra clase de preparación previa, política por cierto, y otra clase de disciplina previa, política por cierto, en la que debemos delimitarnos hacia fuera y hacia adentro. Cuando uno mira las invasiones inglesas, del 1806 y de 1807, sobre todo la segunda, uno ve cómo entraron los ingleses en Buenos Aires y hubo algo que no deja de llamar la atención militar, que es que los ingleses llegaron hasta donde llegaron en una ciudad que los recibía a tiros, prácticamente, sin disparar. Entonces uno se pregunta: ¿por qué hacían estas cosas? Porque querían dominar la ciudad y si hacían una masacre no la podían dominar. Una masacre construye una relación que no puede borrarse tan sencillamente, con cinco, seis, diez, quince palabras felices.

Cualquiera que entienda elementalmente la cuestión política, sabe que en este momento el Estado de Israel está negociando con el Hezbolá, porque el Presidente de Líbano no puede hacer nada que Hezbola no acepte y eso forma parte del realismo elemental. En consecuencia esa negociación es inevitable, está en la naturaleza de las cosas. Lo que es evitable son los contenidos de esa negociación y acá viene la cuestión. Cuando León dice "así no", lo que está diciendo es: no a esto de llenar una diferencia con semejante pila de cadáveres. Uno puede preguntarse: ¿una pila de cadáveres muy grande es un genocidio? Ricardo dice "no, genocidio es que yo tengo la voluntad de poner fin a todos los qué plantean este asunto".

Yo en primera instancia voy a aceptar su definición para ver qué pasa, después vamos a ver qué es más obligatorio, porque desde ese punto de vista, ni siquiera Hitler hizo un genocidio. Lo que importa es la gramática que se pone en marcha, no el éxito o fracaso de esa garantía. Lo que estoy diciendo es que esa lógica militar contiene inexorablemente un genocidio de avanzar, porque está avanzando, no por el hecho aislado al que hacemos mención, sino por la serie de la que forma parte. Esa serie nos muestra una voluntad genocida. ¿Por qué digo eso? Porque hay una cuestión clave que impone de nuevo la vida. Cuando yo elegía las biografías de los que firmaron la paz, no las elegía por un dato de color, sino en función de entender que gente que no tiene ninguna clase de afinidad por la política real, puede aceptar determinadas cosas. Trabajar contra el sentido de las cosas, no sólo es necio sino que es extraordinariamente peligroso. No es que solamente tenemos que no tener una guerra cada tanto en el Líbano, tenemos que tener una forma de existencia. ¿Por qué se persigue a Hezbolá? ¿Hezbolá existía antes de 1982? No. El Hezbolá es un subproducto directo de la invasión de Israel al Líbano. Esta es la tragedia.

Cuando alguien piensa, tiene que aceptar, por lo menos, el riesgo moral de pensar, si no, no va a ninguna parte. Eso si no tiene que ver con la tradición judía. El riesgo de pensar implica en términos muy concretos, entender la responsabilidad por los actos que uno ejecutó y no es un problema de juicio moral sobre los actos, es la responsabilidad política. Cuando Israel invade el Líbano en los 80´ lo hace por la OLP, una organización laica y nacionalista. El Hezbola es el partido de Dios. La OLP fue destruida en esa pinza terrible que sucede después de la muerte de Rabin y el ascenso de Netanyahu, y fue descompuesta en función de haberse lanzado a un camino que no sólo no fue sostenido y acompañado, si no que fue violentado una y otra y otra vez. ¿Cómo se llama esto? ¿Violencia respecto a los acuerdos? Con la asimetría que allí está planteando. ¿Qué es la franja de Gaza? ¿Un Estado o una cárcel a cielo abierto? Uno puede llamar desagradablemente las cosas y un judío las llama con particular desagrado, para que quede totalmente claro qué se quiere evitar y qué es lo que propone hacer y no hacer. De lo contrario es un judío cómodo, es un judío de festividad, es un judío que en última instancia sus problemas morales se resuelven bastante fácilmente. Pues bien, a eso le decimos definitivamente: No; y cuando decimos No, no estamos jugando con las palabras, estamos diciendo lo siguiente: esta política ha producido y va a seguir produciendo bajas irrecuperables. Esta política no sólo no es un camino, sino que es un suicidio, el primer peligro que tiene la existencia del Estado de Israel es el Gobierno del Estado del Israel. Esto es realismo elemental.

¿Se trata de saber si el Estado Judío es un estado como cualquier otro? Si yo acepto esta propuesta, yo acepto que no hay diferencia y por eso yo no acepto esta propuesta. No es que yo crea que el Estado judío es maravilloso por que es judío, sé perfectamente qué es cualquier Estado y tiene razón Ricardo, cualquier lectura sobre cualquier carácter fundacional de cualquier Estado, arroja un horror. Ahora bien: ¿cómo se llama ese horror? Se llama nada, horror, igual que los demás. ¿Es igual el horror de aquellos que han padecido el horror y que hoy tienen entre comillas la "victoria" de poder hacérselo sentir a otros? ¿Esta es nuestra propuesta?

La tradición judía que construyó el Estado de Israel, que en mi familia tuvo una participación nada pequeña, no se proponía hacer eso. Cuando mis tíos disecaban los pantanos del Jule en 1930 en un kibbutz, no se proponían construir esto que está ahora construido, se sentirían horriblemente estafados por esto. Negarlo es cómodo y fácil, pues bien, yo no lo voy a negar. Esto no tiene que ver simplemente con el planteo de Mapam en 1948 del Estado Binacional, que por cierto existió en minoría, pero mostraba que siempre hubo judíos lo suficientemente lúcidos para entender cuál era el camino. En 1948 para promover un Estado Binacional en el mismo momento en que la coalición árabe atacaba Jerusalem e Israel toda, había que tener pelotas de verdad. Por que en ese momento sí estaba en juego la existencia del Estado y esos hombres estaban dispuestos a poner en juego todo por su punto de vista sobre las cosas. Hoy no está en juego nada de todo esto.

Ricardo Forster – Vuelvo a insistir, me parece que mucho de lo que señalaba recién Alejandro, en general podríamos suscribirlo. A mi no me representan ciertas políticas del partido laborista, pero no a partir de ahora, sino desde siempre, desde hace muchísimos años; de la misma manera que pienso que fue una fatalidad para la sociedad israelí y para el propio destino de Israel no haberse retirado de los territorios ocupados después de la Guerra de los Seis Días.

Frente a lo que está sucediendo ahora en el Líbano y sin meternos en las minucias de la discusión política, cabe y es fundamental hacer la diferencia entre el conflicto y la existencia del Estado de Israel. Antes de esa fatídica y terrible invasión israelí en los comienzos de los 80´, el Líbano fue brutalizado con una guerra civil de la cual también fue parte activa la OLP. También debemos recordarlo, porque yo escuché últimamente una frase dicha por gente muy progresista que confunden la problemática y cuestionan la existencia misma del Estado de Israel. La idea que expresa la frase es: "Si no hubiera existido, si lo hubieran fundado en Madagascar o en Oregon o en donde fuera, no habría conflicto y no hubiera habido conflicto en ese lugar". Esto que es una mentira, es una infamia también, supone que el judío, en este caso el Estado de los judíos, es el lugar del conflicto. Pero el lugar del conflicto empieza y termina en el judío. Esté dentro del Estado o fuera de él, tenga una Nación o no tenga una Nación, el judío siempre es una cuestión conflictiva.

Entonces parece ser que el conflicto de Medio Oriente empieza y termina por ese fatídico momento de 1948 en que a las Naciones Unidas se les ocurre la "estupidez" de fundar un Estado Nacional para el pueblo judío; por lo que toda la historia de antes y después queda borrada de un plumazo: el Imperio Otomano, la intervención anglo-francesa, las guerras múltiples entre las Naciones Árabes, Septiembre Negro, en donde los jordanos mataron más palestinos que todos los muertos palestinos por parte de Israel prácticamente, la política brutal del genocidio de la guerra Irán-Irak, toda la política de los kurdos por parte de los turcos, de los iraquíes, de los iraníes, la política permanente de hostigamiento de un régimen represivo, autoritario, terrorista de estado como es el Estado sirio. Todo eso aquí no se ha mencionado.

No me vengas Alejandro con la teoría de los dos demonios, por que la teoría de los dos demonios es un San Benito que se utiliza permanentemente. La Argentina es un caso muy particular en la que efectivamente la construcción de la teoría de los dos demonios era exculpadota e implicaba una igualación perversa. Me parece que estamos frente a otra situación, histórica, política e ideológica, que no puede reducirse simplemente a la argumentación de la teoría de los dos demonios. Me parece que ése es el punto también entre otras cosas que debemos discutir. Israel no es el demonio maléfico que quiere devorar el mundo palestino (y al mundo árabe en general) y que no reconoce el derecho a la existencia de las Naciones Árabes. Me parece que allí también hay una realidad política y que eso no significa que yo personalmente no sienta la necesidad de criticar, una y otra vez, la tragedia que supone para una historia tan extraordinaria y compleja que su culminación, si fuera esto cierto, sea la construcción pura y exclusiva de un Estado armado hasta los dientes. Esto si que efectivamente es un enorme problema y una enorme tragedia que tenemos que permanentemente discutir.

Que el Estado de Israel no puede ser única y exclusivamente un Estado militar. Que necesariamente tendrá que construir las políticas que lo lleven hacia la paz y que el judaísmo diaspórico también tiene una responsabilidad histórica, para sostener posiciones que sean éticas y que no nos permitan precisamente callarnos la boca, porque de lo que se trata justamente es de no callarnos la boca, si no de permanentemente ejercer una critica. Pero que tampoco sea una crítica facilista, cómoda, sino que implique también poner el cuerpo de una manera real. A mí me dolió en el alma lo que sucedió con David Grossman, un hombre extraordinario desde todo punto de vista y uno de los grandes escritores de la tradición de la lengua hebrea. Grossman estuvo en la primera Guerra del Líbano y en esa primera guerra se constituyó como eso que reclama Alejandro: un hombre de la paz que batalló los últimos veinte años por la paz y que firmó, primero, una solicitada diciendo que una cosa era lo que estaba sucediendo en Gaza y otra cosa era lo que estaba sucediendo en el Líbano. Pero después dijo: "tampoco, basta ya, hay que parar esto...". Al día siguiente murió su hijo como soldado israelí. Para mi Israel es paradojalmente, hasta cierto punto esa tragedia, la de Grossman y la de su hijo, que no tenía la misma mirada de su padre. Allí hay una tragedia extraordinaria que también es mi tragedia y mi desgarramiento. Yo no soy un alma pura, no puedo ser un alma pura, en la medida que tenga dentro mío, una vieja solidaridad, una vieja querencia que proviene de los ancestros. Pero al mismo tiempo no puedo aceptar que "el año que viene en Jerusalem" se construya sobre la sangre de otro pueblo. Esa será y debe ser nuestra condición trágica y desgarrada. Somos seres humanos atravesados por una experiencia que a unos toca más profundamente y que a otros no los toca, pero que está allí: la compleja experiencia de ser judíos. Nos correspondió en suerte, para nuestra felicidad o para nuestra dolencia, nacer en el interior de una travesía histórica que tiene como característica enfrentarse una y otra vez a esta cuestión ideolomática, y, a diferencia de otras sociedades, que por distintos motivos no suelen enfrentarse una y otra vez a sus propias miserias. Creo que eso no deja de hablar bien en parte, incluso de una sociedad israelí, que en medio de un conflicto como éste se sigue enfrentando –interiormente y aunque la mayoría vote a la derecha– dilemáticamente a su destino como sociedad. El mismo implica siempre y únicamente el uso de las armas para causas injustas, pero mientras un sólo israelí siga defendiendo el derecho a la paz, vale la pena seguir defendiendo esa posición; mientras un sólo judío en la diáspora diga: "yo no me siento identificado con esta política que no es la mía, pero defiendo el derecho de existencia del Estado de Israel como el de otras naciones del mundo, a la vez que defiendo que esa sociedad viva en paz, y ejerza las condiciones de la paz", vale la pena seguir insistiendo.

Darío Sztajnszrajber – Unificamos las preguntas.

Público – Quiero decir con respecto a lo que dijo Alejandro, que Israel es bastante distinto a Paraguay, que nadie odia a los paraguayos. A los judíos nos odian, nos persiguen en todas partes del mundo. Con relación a las ideas pretendidas de que Israel forme una comunidad multinacional en Oriente Medio, quiero que me digan un sólo interlocutor árabe que haya propuesto aunque sea lo mismo.

Público – Entre las cosas que le escuchaba decir a Ricardo Forster, yo decía: "bueno, yo también pienso lo mismo". Está bien, hay que poner el cuerpo para diferenciarse, frente a la altísima peligrosidad que hay en la sociedad israelí en este momento, pero ¿quién puso el cuerpo en la colectividad judía argentina, quién se diferenció, quién condenó explícitamente la invasión al Líbano? Que yo sepa, salvo alguna cosa muy aislada que no tuvo difusión, la única voz pública que condenó explícitamente la invasión al Líbano judía, fue la solicitada que yo también firmé. Ahí sí que hubo voces públicas, ahí si que hubo voces públicas judías para hablar contra la solicitada, con argumentos desde la derecha hasta argumentos de objeción a términos. Los argumentos fueron básicamente dos, uno fue la palabra genocidio, el otro fue la no mención de Hezbolá.

Público – Para el señor Horowicz tres preguntas. Uno, si vos tenés más allá de toda la derivación racional que le puedas dar, una conciencia en tu cuerpo, en tus vísceras del regalo que implica para vos, para nosotros, poder exponer tan abiertamente esto. En el mundo islámico sería imposible. Dos, yo me quiero situar para poder seguir aprendiendo como leer a ciertos intelectuales como vos y como Rozitchner. No entiendo cuando Rozitchner dice que las persecuciones judías fueron hechas por los cristianos y por Europa, como si desde Egipto hasta la negación de la creación del Estado de Israel fuera una paranoia judía el conflicto con los árabes. Y lo tercero. Considero que al día siguiente de la manifestación de Quebracho, que fue una amenaza para todos, vos no hayas escrito al día siguiente algo, es un hecho de irresponsabilidad.

Público – Todos estos conceptos psicoanalíticos, tan usados, tan desgastados... el judío tiene la culpa del antisemitismo porque es como es. Son todas reflexiones muy interesantes, pero ¿qué hacemos? ¿Cómo vamos para adelante? ¿Cómo se soluciona este problema? ¿Acaso el tema fue la captura de los dos soldados? No es cierto. Estoy totalmente en desacuerdo, la prueba está en que ambos bandos, los israelíes y el Hezbolá estaban altamente preparados.

Público – Que para hacer el Estado de Israel hubo que correr palestinos, que esos refugiados de alguna manera eran palestinos que salieron de algún lugar que estaban, en algún lugar llamado Palestina antes de 1948. Que estaría bueno que se incorpore la diáspora de Israel, porque va a ser una contribución enorme a dejar de pensar que se inmolan porque nos odian, porque nos quieren matar, porque quieren quedarse por más que hay una fracción integrista, no seamos ilusos... Pero creo que serían muchos menos si empezamos a entender el rol que jugamos, en su momento como ciudad, hoy como Estado, para contribuir con ese odio.

Público – Hace unos días tengo una invasión de mails y me llegó uno con palabras de Golda Meir que decía: "nosotros vamos a lograr la paz con el mundo árabe cuando ellos amen más a sus hijos de lo que nos odian a nosotros". Lo que yo quiero agregar a estas palabras de Golda Meir es que me parece que con la militarización de Israel, también estamos obligando a nuestros hijos y los estamos mandando a la guerra.

Público – ¿Qué opinan ustedes de la dicotomía que se plantea, a mi juicio falsa, ellos o nosotros?

Público – Según tengo entendido, en 1948 cuando finalmente se crea el Estado de Israel, la posibilidad en ese momento era que se crearan dos Estados y una parte aceptó ese proyecto y la otra parte no aceptó. Es más, no sólo no aceptó tener su propio Estado, sino que lo que quiso fue borrar del mapa al que sí aceptó y lo sigue pretendiendo. No estoy de acuerdo con muchas de las cosas que se dijeron acá, no estoy a favor de la muerte ni tampoco creo que la guerra sea el mejor modo de llegar a la paz, de ninguna manera, pero creo que si omiten verdades, esto tampoco nos va a llevar a un buen camino. Por otro lado, quiero preguntarles a los que están hoy en la mesa: nosotros los judíos nos permitimos este tipo de conversaciones profundas, morales, éticas, políticas; ahora yo quiero que alguien me diga quién sale con una solicitada, o lo que sea, a decir ¡No! cuando los fundamentalistas en Israel "explotan" y matan chicos, mujeres y ancianos, en colectivos volviendo a la universidad.

Ricardo Forster – Las historias siempre implican una ficción consentida y construida ideológicamente, y sin dudas hay una narración de la historia fundacional que debe ser permanentemente revisada. Hay que recordar que este debate viene de antaño en los espacios universitarios israelíes, a partir de toda una corriente de nuevos historiadores israelíes que debaten los mitos fundacionales. Todo esto es parte, también, de toda una tradición que sigue existiendo en el mundo israelí y también, espero, en el mundo diaspórico. Demonizar al judaísmo o demonizar al Islam, me parece una estupidez, independientemente de que haya una histórica demonización del judaísmo. Lamentablemente para muchos el volverlo a demonizar es un deporte interesante. Es uno de los temas en el que hay un lugar equivoco, maldito, demonizante del judío. Es toda una tradición del mundo occidental, pero que se ha trasladado de alguna manera sistemática al mundo en general. En el discurso del Premier iraní, negando la existencia de la *Shoah*, hay un escándalo de primer nivel y el negacionismo, que ahora tiene un espacio político decisivo en la prensa mundial, no es poca cosa. Por supuesto, que en el interior del mundo árabe, del mundo musulmán, que no es sólo el mundo árabe, hay infinita cantidad de personas sensibles, sutiles, que discuten muchas cosas. Algunos pueden hacerlo y en muchas sociedades no pueden hacerlo porque son Estados represivos, cosa que no lo es en muchos sentidos el Estado israelí para sus ciudadanos. Lo es represivo en otro sentido y para otros personajes que habitan el Estado israelí, que también es un problema del Estado israelí, pero me parece que hay diferencias que señalar, porque sino todo parece más o menos igual. Efectivamente no es más o menos igual. A mi me parece razonable que cada uno de ustedes construya su propia posición. No me resulta ningún acto de valentía, ni haber puesto el cuerpo, me resulta una decisión ideológica respetable haber elaborado la solicitada, pero yo, no la comparto. No comparto el espíritu de esa solicitada y no comparto tampoco la rapidez con la que se firmó esa solicitada. Pero mi posición y la tuya, o la de Alejandro, son absolutamente respetables; ¡adelante con todas las solicitadas que quieran escribir; las avalo a todas, porque tienen todo el derecho de publicar y sentir que están haciendo un acto justo! Es el derecho de ustedes, no el mío. No es lo que yo busco, no es lo que yo quiero, y creo haberlo expresado.

Alejandro Horowicz – Tengo una rara sensación y es que mi discusión con Forster, no es lo mismo que la discusión con algunos de ustedes. Si yo jugara a que es la misma discusión sería un tramposo, y no pienso hacer una especie de finta diplomática de poca monta. Aquí hubo dos afirmaciones extraordinariamente peligrosas porque son las que permiten exactamente la construcción de la política sustantiva del genocidio. Si yo digo —puesto que nos han dicho a, b, c y d—, podemos contar todas las historias absolutamente ciertas que nos han hecho, ¿eso que quiere decir? Puede querer decir sólo dos cosas: una es que es una coartada para cualquier cosa y esto no sólo es peligroso, sino, sobre todo, una falta de principio de realidad que fue donde yo comencé mi exposición. Si uno llega a la conclusión de que el planeta está poblado por siete mil millones de enemigos, está en un problema irresoluble. Nadie va a vencer ni de un modo, ni de otro, a siete mil millones de enemigos. Podemos ahorrarnos el trabajo y el teatro. Aparte hay una segunda cuestión que tiene que ver con el principio de realidad: si estamos aquí y podemos hacer todo esto es porque nos lo hemos ganado, no porque es una amable concesión de nadie. Claro, uno puede suponer, bueno, si yo viviera en Bagdad ¿podría hacer esto? No, claro que no. Si yo viviera en Bagdad sería un enemigo del gobierno de Bagdad. ¿Qué duda me cabe? Pero esto no cambia las cosas, esto simplemente lo pone en su punto justo. Segunda cuestión: lamentablemente, mi poder sobre los medios, no es tan grande como el que yo quisiera y es una pena. No puedo determinar si el artículo que escribí sale al día siguiente de la cuestión de Quebracho o no, simplemente puedo arreglar que lo mando y ellos lo publican cuando les viene bien. ¿Qué voy a hacer? Es una pena. En cualquier momento estoy dispuesto a hacer mi propio diario y entonces voy a publicar en tapa lo que me parezca, por el momento no lo poseo, no soy Tímerman y, entonces, lo lamento. Lo digo con absoluto respeto por Tímerman. Ahora hay una pregunta que tampoco voy a eludir por que la pregunta es justa: ¿qué hay que hacer frente a gente como la de Quebracho?, ¿Qué es lo de Quebracho? ¿Un debate? Tampoco me voy a hacer el idiota, eso no es ningún debate, eso es antisemitismo de baja estofa.

Público – ¿Por qué no hace una solicitada por eso? ¿Por qué no lo dice de nuevo?

Alejandro Horowicz – Yo no hago una solicitada tres veces por semana ni sobre esto ni sobre ninguna otra cosa. Esto no tiene entidad, a mi me puede desagradar profundamente, me puede poner incomodo, es más, si llego a cruzarme con alguno de Quebracho, le explicaré que es un pedacito de mierda. No es una categoría política, es cierto. No forma parte del análisis, es cierto. Pero hay un punto en el que yo creo en un punto de vista que sostenía un cineasta ruso: "ya sé que la caca de perro no es igual a la caca de gato, pero convengamos que las dos son mierda". Yo comparto ese punto de vista, de modo que no le doy entidad a cualquier cuestión y no discuto de cualquier cuestión sobre el mundo, mañana, tarde y noche. De modo que hay que ser un poquito menos paranoico, mi querido señor y entender que la vida tiene rangos y que no tiene rango Quebracho, que es una cosa desagradable, que marca la clase de sociedad que es también la sociedad argentina, pero no más que eso. No voy a dar por escrito algo que no lo vale, de modo que no tiene ningún gollete y dejamos esto para otra oportunidad.

Voy a redondear con la ultima cuestión, que es una pregunta que hizo un joven por allí sobre Rozitchner. León es entre muchas otras cosas mi maestro. Lo digo con absoluto orgullo porque aprendí cuando tenía veinte años, una buena cantidad de cosas de las que sigo usando hoy ahora y, entre ellas, su absoluta aptitud de tener un punto de vista sin medir las consecuencias practicas que este punto de vista supone. La razón por la cual León dice lo que dice, hay que preguntárselo a León, porque yo no soy León. Puedo presumir porqué León dice lo que dice y puedo estar más o menos de acuerdo con el énfasis de tal o cual tono, porque en definitiva el tono es algo absolutamente personal. Hay algo que a mí me queda absolutamente claro. El día que no tengamos judíos como Rozitchner, esto no va a valer más la pena.

Darío Sztajnszrajber – Más preguntas.

Público – Este año se hizo un congreso de teología cristiana que el tema tenía que ver con una rendición del cristianismo a partir de la *Shoah*. A mí me provoca una profunda emoción escuchar a sacerdotes católicos haciendo una profunda autocrítica, dialogando con rabinos que también de alguna manera hicieron autocrítica. Pero en estas mismas reuniones, me puso mal que ellos expresaran que judíos y católicos pudieran dialogar, pero que los musulmanes no estaban preparados ni se sentían en condiciones de dialogar.

Público – Bueno, uno de los temas del debate de los cuales no se habló mucho fue la función de la comunidad judía, de ser judío y posicionarse frente a esto. Me parece que a nadie le gusta lo que hace Israel, lo que dice Israel y todos estamos en contra de esta política. Al mismo tiempo tengo un sentimiento hacia Israel que podrá ser explicado por muchos motivos; entonces me pregunto cuando uno lee Página 12, parecería que Israel un día se levantó y dijo: "voy a conquistar el Líbano, voy a matar a muchos civiles porque tengo ganas". No parece estar explicado en ningún lugar que Israel se retiró en el año 2000 del Líbano, que el Hezbolá es una organización que tenía como fin esa retirada, que después se siguió armando, que esta organización recibe dinero de Irán, que amenaza a Israel con borrarlo del mapa. Entonces, Israel algo tenía que hacer, uno puede estar en contra, a favor de esta operación militar, pero algo tenía que hacer

Público – La pregunta es concreta: ¿qué similitud ven entre lo que decía, si mal no recuerdo Camps, de que para derribar a un terrorista había que derribar una manzana entera, con la política que lleva a cabo el Estado de Israel y con lo que el Hezbolá hace en el Líbano?

Público – Me pasé quince días chateando con una persona que durante dos horas veía caer los Katiusha. Si alguien no sabe qué son los Katiusha, le cuento que es el arma más mortífera que produjo el ejercito soviético, y que fue usada en escala reducida en la Segunda Guerra en el año 43, porque produce sonidos mientras van cayendo, es decir, uno escucha música y después una batería de lanza misil múltiples de 16 mísiles que explotan. Si alguien me puede decir que Israel no perdió…, porque yo quiero doblar la apuesta de Alejandro en estos términos. Si uno cree que pudieron caer 6400 mísiles Katiusha y solamente creerle a los medios que me dicen que el Hezbolá es un monstruo que solamente mata civiles israelíes, no entendí nada. Hay más muertos israelíes que muertos árabes en el Líbano, lo repito por si no se entendió: Hay más muertos israelíes que muertos árabes en el Líbano.

Público – Yo coincido con que el grupo Quebracho no tiene entidad, lo que tiene entidad es que pasó que un grupo de energúmenos como algunos de ellos, cortaron la calle, impidieron el tránsito. Tuvieron una actitud antisemita y lo hicieron libremente, eso sí tiene entidad. No digo de parte de la sociedad argentina, hubo de parte del gobierno argentino una actitud responsable de garantizar los derechos de todos. Yo entiendo que no podés escribir una carta por cada cosa, pero tal vez esto merezca algo, merezca una carta alguna vez.

Público –¿Ustedes le dan lugar al poder militar de Israel en sus concepciones? ¿Lo creen vulnerable?

Público – Ricardo tocó un punto que yo me venía preguntando hace mucho. Mencionó que los periódicos de izquierda, el partido obrero, el MST, en ningún momento nombran al gobierno de Israel, ni al pueblo judío, sino que únicamente usan el par "sionismo = imperialismo". Yo quisiera que me respondan: ¿por qué utilizan el término sionismo como responsable de todo lo que ocurre cuando el sionismo no tiene el poder sobre el terreno militar ni político de Israel?

Alejandro Horowicz – El punto central que a mí me importa está acá y tiene que ver con las dos preguntas que hizo un señor en un orden y que tienen que ver indudablemente con la historia y la tradición de los judíos en Israel. La historia política de los judíos en Israel es una historia militar. Esto es una descripción y una tragedia. Sostener que una historia política debe ser una historia militar es, más que una tragedia, un disparate. Ahora, ¿por qué puedo decir esto? ¿Quién es el interlocutor? Entonces mi respuesta es muy sencilla: al interlocutor lo tenemos que construir así como se construyó con Egipto, así como se construyó con Jordania, así como se construyó con la OLP. Los demás no decían cosas tan distintas, pero la razonabilidad es el punto de vista. Yo tengo dos opciones: puesto que dicen lo que dicen, actúo en consecuencia; o bien, yo sé que no pueden sostener más que hasta un cierto punto lo que dicen y en ese punto viene la cuestión de la vulnerabilidad. Israel es en este momento, en un sentido muy profundo, invulnerable, pero no porque tiene un gran ejército, porque no es éste es el motivo central de su invulnerabilidad. El poder fáctico, político e intelectual del gobierno israelí ha sido demostrado muchísimas veces. Basta mirar al embajador de Israel actual en la Argentina, escucharlo sesenta segundos para saber exactamente que tengo que pensar del asunto.

Ricardo Forster – Estamos en una etapa del mundo, de la civilización, en la cual son muchas más las preguntas inquietantes que nos asechan todos los días a nosotros como individuos frente a lo que está aconteciendo, que esa suerte de narcisismo gigantesco, que cada uno porque leyó algún libro puede decir lo que hay que hacer, de verdad si ustedes me preguntan... no lo sé, no lo sé.

¿Qué es lo que yo no haría? Sé lo que harían las personas que respeto. Estoy de acuerdo cuando Alejandro Horowicz, dice que sería una falta gigantesca a nuestro mundo cultural, no tener a una persona como León Rozitchner. Absolutamente de acuerdo; de la misma manera que considero que la falta de un judío ultra-religioso sería una tragedia para el judaísmo, aunque los judíos ultra-religiosos no sientan lo mismo frente al judío laico. Quiero decir, el lugar de la pregunta, ha sido una venerabilísima tradición eso que alguien denominó egipcio-judía; quiero sostenerme en esa pregunta, de verdad quiero sostenerme, sabiendo que la pregunta no disimula necesidad de asumir una posición, de asumir la responsabilidad de las palabras, de fijar lo que uno siente y lo que uno piensa. Frente a determinadas cosas decimos que no, lo dijimos ayer y lo decimos hoy, pero esta suerte de chantaje a la que nos vemos sometidos permanentemente a mí me resulta absolutamente imposible y lejana. Acepto que justamente el lugar de la crítica, el lugar de la sensibilidad intelectual, de la sensibilidad en general, sea la capacidad de poner las propias certezas en cuestión y no sólo criticar al otro porque eso es muy sencillo. Nos vivimos equivocando y es probable que yo me esté equivocando hoy, esta noche, pero tengo plena conciencia de que atravesar mi propio error es una manera de construir de otra manera el diálogo con el otro. Si yo solamente pienso en la certeza que estoy colocado en el lugar de la verdad y que el otro no vale la pena, no converso, y alguien diría, conversamos no discutimos y ejerzo el puro acto de la violencia verbal. Como no creo en la violencia verbal y sí creo en la discusión y creo en defender ideas y creo, también, en la fragilidad muchas veces de las ideas y lo único que no se puede negociar es la justificación de la brutalidad, de la muerte indiscriminada de la violencia que arrasa nuestras propias convicciones. Eso no se puede negociar, pero uno se enfrenta todos los días a sus propios fantasmas, de la misma manera que me parece brutal utilizar a todos los muertos para justificar, de un lado o del otro, lo que estamos haciendo hoy. Me parece que allí hay un daño moral absoluto: yo me niego a sacarle renta a los muertos. Hablamos hoy de nuestra propia responsabilidad, de lo que sucede en Israel, solamente de lo que sucede en Israel, discutimos de nuestras certezas y de nuestras incertidumbres, esto que podemos hacer, quizás es lo que debemos hacer, sin eludir la necesidad de decir lo que hay que decir según las convicciones de cada uno, sin creer que uno es el portador de la valentía y el otro vaya a saber lo que es. Aplaudo que la gente de YOK nos haya invitado a esta discusión que sobre todo me parece importante. Hubo un respeto mutuo en la discusión entre nosotros que en general también se trasladó a todos ustedes. Eso me parece que no es poca cosa y es una manera de comenzar una discusión que tiene que ir mucho más allá de lo que los medios de comunicación hagan con todo esto. La necesidad imperiosa de todos nosotros de seguir insistiendo una y otra vez sobre todo lo que se está suscitando, de nuestra alma, de nuestros sentimientos y de nuestra inteligencia. Debemos seguir insistiendo y debemos seguir discutiendo como lo hemos hecho siempre a lo largo del tiempo, debemos seguir discutiendo aunque tengamos también una diferencia.

# David y Goliat: el poder

5 de Septiembre de 2006

## Disertantes: Sergio Bergman, Alejandro Kaufman

Darío Sztajnszrajber – Vamos a afrontar, dentro de las "Relecturas de la *Toráh*", un tema más político. El nombre de la mesa, no por casualidad es, "David y Goliat: el poder". La adhesión, casi inmediata a la causa de David, obliga a repensar también el lugar de Goliat. ¿Quién es quién? ¿Quién es el bueno? ¿Quién es el débil? ¿De qué otro modo poder analizar la historia? La mesa fue convocada hace ya varias semanas, pero en los últimos días el tema vuelve a tomar fuerza y tal vez haya dado un giro, a partir de las polémicas que se abrieron en torno a una marcha convocada por el Dr. Blumberg y la actitud del mundo judeo-argentino frente a este hecho.

Invito primero a Alejandro Kaufman.

Alejandro Kaufman – Me parece inteligente relacionar a David y Goliat con el tema del poder. No colocarlos junto a la idea de violencia y de guerra, sino a la de poder. Ahí hay una mirada aguda, porque es una manera de acercarse a la *Toráh*, pero después de leer a Weber, Nietzsche y Foucault. David y Goliat nos remiten a una forma de la tradición heroica. El acontecimiento de David y Goliat ocurre unos doscientos años después de la que es la fuente esencial de la idea heroica de Occidente, la idea homérica de Aquiles. O sea, que David y Goliat nos colocan en la dualidad Atenas-Jerusalem de la cultura occidental; entre Aquiles y David, entre esas dos formas del heroísmo ligado a la guerra, a la violencia. El héroe es el que se constituye en una narración susceptible de formar parte de la experiencia humana de la guerra. Decía que poner "poder" al lado de David, supone entrar en el siglo XX, que es cuando la relación entre guerra y heroísmo se quiebra. En el siglo XX, pensadores judíos como Walter Benjamin —y otros, no solamente judíos— señalaron de distinta manera esta ruptura. En el siglo XX las guerras ya no producen héroes, ya no hay más heroísmo, al menos ya no está relacionado ni con la violencia ni con la guerra. La guerra se convierte en maquinaria de destrucción de la sociedad, de los niños, de las ciudades, de la población civil, de la economía del enemigo.

Otro referente muy importante de esta idea que estoy planteando era alguien que no era un pensador judío, Ernst Jünger, que planteaba esa ruptura entre la cultura del heroísmo y la guerra tal como había sido conocida durante tres mil años, desde la Ilíada y David hasta ahora. Aquí se habla de posjudaísmo, se habla del siglo XX entonces, de un momento en que las cosas cambiaron de determinada manera. Así que cuando se habla de esta cuestión del *post* se habla también de que no es que lo anterior haya desaparecido, sino que persiste en condiciones nuevas, en las que no hay más heroísmo en el sentido heredado. La guerra ya no está ligada al heroísmo, porque apretar un botón para disparar un misil no tiene nada de heroico. El héroe es alguien que se somete a la fragilidad, al riesgo. Por cierto David es muy distinto a Aquiles, pero los dos tienen algo en común, en el sentido de que lo que los caracteriza no es la victoria, no es la destrucción del enemigo, sino su propio ofrecimiento como dádiva, como riesgo, como posibilidad de ser muertos en relación a una causa ligada a ciertos valores del pueblo, de la lengua, de la narración de un colectivo. Justamente Walter Benjamin decía, "quienes vuelven de la Primera Guerra Mundial no tienen nada que contar", no hay narración, la Primera Guerra Mundial no puede ser narrada. Esto no siempre se entiende bien, no es que no hay nada que decir, que la gente se queda callada como un sordomudo que no habla, sino que no hay narración en el sentido épico que tuvo vigencia durante los tres mil años anteriores. Nadie puede venir de la Primera Guerra Mundial con un relato como el de David o Aquiles. No hay Homero de la Segunda Guerra Mundial, ni de la Primera Guerra Mundial; no hay Homero de Hiroshima, no hay Homero de Gaza. No hay Homero de nada de todo eso. Pero al mismo tiempo todos esos lenguajes siguen existiendo, nosotros seguimos hablando de figuras heroicas. Entonces lo *post* es eso, que no se puede hablar como antes, pero tampoco se puede dejar por completo de hablar como antes. Es una situación bastante extraña la que estamos viviendo.

Ahora, como para redondear esta parte de lo que quiero decir, recurro a la tradición judía. Para continuar mi propia lectura de David Y Goliat voy a recurrir a versiones *post* de la *Toráh*. Harold Bloom dice que autores como Kafka o Freud se inscriben en la tradición del *Midrash*. Obviamente, esto puede dar para una discusión teológica, o cultural, o de cualquier tipo, pero Kafka y por dar más ejemplos, Benjamin también, son pensadores judíos en el sentido más fuerte, más profundo de la palabra, donde se inscriben esas tradiciones de la interpretación de la *Toráh*, del *Midrash*, de la *Mishná* y del *Talmud*. Entonces quiero contar el *midrash* de Kafka, que es el tercer término que le falta, o que le sumo, a "David y Goliat: poder" y que es "El buitre". Cuando Kafka escribe ese muy breve relato nos dice de qué manera David y Goliat pueden ser enunciados en la época en que ya no hay más héroes, en la que no hay más relatos heroicos, como decía Benjamin. Hay un hombre y un buitre. El buitre ataca al hombre, introduce su pico en la boca del hombre y lo mata. El hombre, al caer siente que el buitre se va a ahogar en su sangre, "que colmaba todas las profundidades y que inundaba todas las riberas". Han de morir los dos. No hay inocencia de la víctima. El héroe tenía cierta inocencia. David o Aquiles, hasta Alejandro. Si Alejandro fuera un personaje de la actualidad lo llamarían genocida. En cambio es un héroe de la antigüedad. También llamarían genocida a David y a Aquiles. No nos quepa ninguna duda. Porque el genocidio está ligado a las formas contemporáneas de la guerra. Es decir, es brutalmente destructiva la guerra y no reconoce inocencias. Yo citaba antes a Jünger que decía, en 1930, que el bebé en su cuna es blanco de los bombardeos. Registremos bien el año 1930, es decir, bastante antes de la Segunda Guerra Mundial cuando ya en la Primera y antes todavía, en la guerra de Crimea, en varias otras situaciones de guerra, había sido hecho y realizado esto.

Entonces cuando Kafka escribe ese texto revelador de su presente pero también profético, está hablando de algo que es aplicable a muchas situaciones en las cuales hay una víctima y un victimario. De esto no hay dudas, sigue siendo un *midrash*, hay victimario y hay victima. Pero la victima no sigue siendo inocente. La victima mata, quita la vida también al victimario, es un nudo, es una red. Porque esta idea de poder de la que estamos hablando hoy, no es el poder del Rey, no es el poder jurídico del que está sentado en un sillón especial, desde una ubicación especial y que ejerce el poder sobre los súbditos, sino que remite a la totalidad de los humanos. Todos estamos insertos en redes de poder. Pero al mismo tiempo existen víctimas y victimarios, aunque lo difícil es pensar en las dos cosas juntas, y alcanzar las condiciones para aplicarlas a las distintas situaciones que nos conciernen. Es por eso que el miedo es un rasgo tan característico de nuestra época, y también que David y Aquiles no son tranquilizadores. Tal vez lo eran para sus comunidades contemporáneas, ya que salían a enfrentarse con el enemigo y traían la tranquilidad. Ahora la tranquilidad –o la paz– no se llama tranquilidad, se llama seguridad. Al sufrimiento, a la tragedia, al padecimiento, a la injusticia ya no se los llama así, se los llama dolor. Nosotros, porque nos corresponde, o nos toca, tenemos la oportunidad de hablar de cómo ocurre y ha ocurrido todo esto en la Argentina. Porque en la Argentina no ocurre solamente lo que ocurre acá. En la Argentina ocurre la AMIA, ocurre el Líbano, ocurre Quebracho. Ocurren distintas situaciones que están ligadas, no tanto en relación a vinculaciones complejas entre el presente y el pasado, sino también entre el aquí y el allá. Eso se llama globalización, lo que ocurre en un lugar, no ocurre solamente en ese lugar, también está sucediendo en otras partes y si sucede en otras partes, sucede en el propio lugar.

Todo esto es muy fácil decirlo, lo difícil es develar las tramas del poder. Pero del poder efectivo, no de lo que uno sabe o cree saber sobre el poder, sino del poder efectivo. Entonces el dolor y el miedo se han convertido en moneda de cambio de las luchas políticas y de las luchas por el poder. El dolor de la gente. El dolor es lo único que no es de derecha ni de izquierda, todo lo demás es de derecha o de izquierda, es de victimario o víctima. En el relato de Kafka, los dos tienen dolor. Uno podría decir: los victimarios tienen hijos también y madres. Todos tienen madres y tienen hijos; es decir, el pacifismo radical que se opone a la idea de la guerra, se opone a la idea de la guerra porque no quiere que muera nadie, ningún ser humano, porque todos los seres humanos tienen madres y tienen hijos. Saber que esto es así, no tiene que ver con haber perdido o no haber perdido un hijo. Una de las referencias que podemos tener hoy para saber lo gravemente mal que estamos en este país, trágicamente mal, muy mal, es que haya que aclarar que el significado de haber perdido un hijo es algo que solamente entiende un padre o una madre, que es algo con lo que uno tendría que solidarizarse. ¿Hay que aclarar algo como eso?

Estamos muy mal si tenemos que aclarar eso. Esa no es una frase política, no es una frase siquiera ética. Es como si yo dijera: "tengo compasión o tengo piedad, o tengo comprensión, por otro ser humano porque entiendo que respire". ¡Ah, sí, tiene que respirar, lo entiendo! No, no tenemos que decir eso. Tener hijos y compadecerse de la pérdida de un hijo o del dolor de una madre es un acontecimiento humano. Los SS tenían madres que sufrían cuando perdían un hijo. Lo que quiero decir con esto, es que hemos convertido en política, en pseudo política, en preocupación ética y pseudo ética, una cuestión que no es política ni es ética, que no tiene ninguna relevancia ética ni política. Haber perdido un hijo no tiene ninguna relevancia, no tengo nada que decir sobre eso. Ahora, sé que estoy provocando seriamente con esto porque estamos rodeados de discursos sobre la gravedad especial de ese acontecimiento. Frases repetidas hasta el hartazgo. Hay formas de repetición que tienen que ver con la estrategia de propaganda de ciertos poderes. Los poderes que anulan la reflexión, incentivan el miedo, suscitan la intranquilidad y lo hacen por medio del latiguillo, de la repetición. Hoy se usa muy fácilmente como insulto, el nazismo, el fascismo, Goebbels, la repetición, pero esos términos son funcionales a esta situación que estoy mencionando. Entonces lo que se intenta con una población es someterla al terror. A un estado permanente de inquietud. Como no hay héroes que nos garanticen las fronteras, los límites, la victoria sobre el enemigo de una forma legítima que nos contenga, que nos constituya en una identidad. Como eso no lo tenemos, lo que nos queda es la técnica: estadísticas, dispositivos informáticos y burocráticos. Si queremos seguir siendo humanos y queremos seguir discutiendo sobre lo humano tenemos que oponernos, tenemos que poner en cuestión esas variables. No porque podamos prescindir de ellas. No es que esta noche yo vaya a mi casa y deje la puerta sin llave, eso sería absurdo. O que estacione el auto y deje la puerta abierta. Pero todo lo demás que se dice al respecto, que se nos dice, y en lo cual estamos tan sumergidos, es lo que hay que discutir. Es lo que se discute efectivamente.

Entonces la cuestión es: ¿Cómo se habla del poder y la violencia, del victimario y de la victima? Tan terrible creo que es esta cuestión de haber convertido el dolor en un tema político, esta condición humana tan elemental, que además cuando se la plantea en esos términos está simplificada. El dolor es la sensación neurológica, neurofisiológica. Como el ser pinchado por algo. Sin embargo eso no es el dolor. Hay una reducción del dolor a su versión más simplificada y lineal. No recuerdo nunca haber visto llorar en público a una madre de Plaza de Mayo, o a una abuela de Plaza de Mayo. Nunca han llorado en público. Nunca han hablado en nombre del dolor, nunca han dicho: "nadie entiende lo que es haber perdido un hijo". Eso no lo han dicho nunca, porque no es relevante, no es de eso de lo que estaban hablando. De lo que hablan siempre los Movimientos de Derechos Humanos es de lo que concierne a toda la humanidad, esos son los derechos humanos. Que se haya llegado al extremo de decir que hay derechos humanos de unos y no de otros, eso es una desgracia, es una completa desgracia. Es una completa desgracia que uno tenga que poner en duda ni por un instante que los derechos humanos no sean eso que son... ¡los derechos *humanos*! Que ni siquiera se corresponden con lo que más podemos pedir de la vida o de la humanidad. Los derechos humanos son apenas un bien menor, una regulación para que las cosas no sean peores.

Hay un par de palabras que se están usando que son "nunca más". Ellas fueron motivadas, nosotros dimos el motivo para que se usaran esas palabras. A ver si lo podemos recordar, que es lo que estamos obligados a hacer siempre. Porque mi nombre no es el nombre de un emperador griego, es el nombre de alguien que fue exterminado en la *Shoá*. Como es de práctica aplicar al nieto el nombre del abuelo, tengo que sostener mi nombre. Por lo tanto viene bien recordar que nunca más, significa: nunca más "eso". No es nunca más el incendio de una discoteca, no es nunca más un accidente, no es nunca más que le secuestren y maten a un hijo, no, es nunca más "eso", y lo digo desde donde lo digo. No es que haya tragedias mejores o peores que otras, es porque "nunca más" se dice de aquello que nunca debió haber ocurrido, que nunca había ocurrido antes. Es aquello que no podemos admitir que ocurra, porque no seguiremos siendo humanos, si ocurre, del modo en que hemos sido humanos durante estos últimos tres mil años. Por eso se dice "nunca más". Se dice nunca más porque esto no debería haber ocurrido. No porque no pueda volver a ocurrir, sino porque no podemos creer que haya ocurrido. Pero esto se refiere a algo específico, y no es que haya ocurrido una sola vez, sino que siguió ocurriendo. Por ejemplo, en alguna versión de los discípulos de aquellos exterminadores y perpetradores, ocurrió en la Argentina. En la Argentina hubo discípulos dilectos, privilegiados de aquellos exterminadores. Hemos tenido ese horroroso privilegio en este país, de que incluso hubiera un genocidio judío dictaminado de esa manera por el Juez Baltasar Garzón, y esto se ha ignorado y negado en nuestra propia sociedad. Porque hubo una especial predilección por no perdonar nunca la vida a ningún desaparecido judío. Entonces el nunca más, que se refiere a "eso", está siendo utilizado para acontecimientos que siempre ocurrieron y siempre van a ocurrir.

Siempre va a haber guerra, siempre que la historia sea lo que ha sido hasta ahora, siempre que lo humano sea lo que ha sido hasta ahora. Siempre que lo que ocurrió en Auschwitz sea algo increíble, algo que no debería haber ocurrido. Siempre que se mantenga como algo que no puede ocurrir, seguirán habiendo accidentes en discotecas, seguirán habiendo secuestros y asesinatos de hijos, seguirán habiendo robos, estupro. Seguirá habiendo delito, porque esto forma parte de la historia de la humanidad y decir esto no implica aceptarlo... ¡qué disparate es ese, completamente ridículo! ¿Cómo puede ser que en toda una sociedad se esté hablando de esa manera, de cosas totalmente absurdas?

Claro que va a seguir ocurriendo, se van a seguir quemando discotecas, chocando trenes, cayendo aviones y desearemos siempre que sean cada vez menos, que se puedan prevenir. En realidad, no queremos que ocurran, pero no porque no ocurran "nunca más", sino por que hay otro orden de cosas en el cual uno puede pensar, una sociedad en donde esas cosas no ocurran. Pero no es esta la manera de discutirlo. Podemos leer a Isaías, "la espada convertida en arado", ese es el discurso que nos permite pensar en un mundo diferente. Entonces cuando entre nosotros se dice "nunca más", en relación a la "seguridad", el "nunca más" de la seguridad es el Ingeniero Santos. Claro, a él nunca más le van a robar un pasacasettes, para eso sacrificó la vida de dos personas. Estuvo doce veces esperando que se lo volvieran a robar, doce veces pensando que iba a matar a alguien. No puede haber un asesinato más premeditado que ese. He ahí una forma de "nunca más", tal como se practica entre nosotros.

Entonces estamos en una profunda confusión, que también es consecuencia del horror, porque lo que produce la pérdida de los héroes, lo que produce la pérdida de la posibilidad, de la necesidad de que haya héroes, de que haya un discurso ético, épico, como hubo desde hace tres mil años, es una inmensa confusión. ¿Qué tipo de muerte es una y qué tipo de muerte es la otra? ¿Cómo se inscribe el poder en un caso y cómo se inscribe en el otro? Se hace difícil. Esto es lo que decía el relato de Kafka cuando los dos mueren en esa confusión. Visto desde afuera se hace difícil saber quién es la victima y quién es el victimario, porque el buitre se ahogó en la sangre de su victima. ¿El victimario se queja de que se ahoga en la sangre de su victima? El victimario se queja de los derechos humanos porque se oponen a su crimen. Los ricos se quejan de las represalias de los pobres, de la violencia social. Los ricos se quejan por la injusticia, porque sufren las consecuencias de la injusticia social en lugar de poner en el lugar que le corresponde a la injusticia social.

No voy a disimular, ni voy a omitir, ni voy a dejar implícito, que las palabras que Sergio Bergman pronunció públicamente hace unos días, han inspirado algo de lo que dije, y que forma parte de la confusión en la que estamos sumidos. Es una confusión que nos abarca multitudinariamente y de la que nadie puede sustraerse. El pobre esfuerzo que uno pueda hacer diciendo algunas palabras o escribiendo algunas palabras, es casi inútil, es casi ínfimo e incapaz de ejercer ninguna influencia sobre lo que ocurre. Vivimos con una clase política desprestigiada, demolida por la historia, en medio de una crisis profundísima de valores. Entonces ocurre que el victimario se presenta como víctima. Yo creo que lo que nos está ocurriendo, es una verdadera desgracia colectiva. Que el tema seguridad se convierta en el tema central de la agenda, es una desgracia colectiva, y esto lo estoy diciendo desde todos los núcleos de la tradición profética hebrea más remota. Es dejar abandonada a la viuda y al huérfano, es llevarlos a la cárcel, es amenazarlos con la pena, con el dolor, no escucharlos. Es invocar el dolor y la venganza para quien nos ha infligido un dolor a nosotros en una circunstancia azarosa.

Entonces me parece que en esa confusión estamos sumidos y sin embargo esa confusión no nos exime de cumplir con la tarea humana más elemental que es consolar en el dolor. Por eso las palabras dichas públicamente por nuestro compañero de mesa de hoy nos han inspirado, porque han estado relacionadas con el consuelo del dolor, que es lo que necesita todo aquel que haya padecido un dolor. Este es el problema siempre entre el consuelo y la política, entre la religión y la ciudad, en donde se cruzan los argumentos. Cualquier victimario también necesita palabras de consuelo, pero nosotros, la comunidad, nosotros los que hablamos sobre estas cuestiones tenemos que aclarar las diferencias.

Sergio Bergman – Esta noche voy a hacer dos cosas, una que es la que tenía prevista, que es una reflexión sobre David y Goliat y los términos filosóficos judíos al respecto. Luego de alguna manera plantear algunos de los aspectos que Alejandro pone en el contexto de lo que está sucediendo y creo que van a enriquecer y abrir el diálogo entre todos nosotros. Yo creo que inclusive este encuentro y estos espacios son sumamente sanos, porque no estamos acostumbrados, ni adentro ni afuera de la comunidad, a tener espacios civilizados de desacuerdos. Para poder justamente intercambiar desde un lugar digno, respetable y enriquecedor. Porque creo que también es eso, o estamos confundidos o no acordamos, entonces, podemos discutir no sólo los argumentos, sino si es un estado de confusión o es un estado de desacuerdo sobre varios de los puntos que planteamos. Voy a tomar lo que voy a plantear sobre la realidad desde la aproximación de Alejandro asumiéndolo desde un lugar de confusión. Acepto el término de confusión, porque el desacuerdo nos va a poner en una polarización que creo que no va a construir. En cambio la situación de confundidos, como enseñaba Rambam, en el Moreh Nevuchim, *"La guía de los perplejos"*, los confundidos, nos va a iluminar a todos. Porque frente a esto tenemos sólo dos opciones, entiendo yo, que son confrontar o aprender. Creo que todos estamos aquí en dimensión y en condición de aprender, no de confrontar. No me refiero a nosotros en postura, sino que me refiero a la impronta, al paradigma.

David y Goliat, tienen que ver con el poder en términos del poder ser en el hacer. En términos del poder no como un atributo, sino como un potencial. Una capacidad del poder de desplegar algo que está instalado pero que tiene que devenir. De manera tal de que uno es en el hacer, es lo que hace y no lo que dice, es lo que despliega y no lo que promete o aspira, es en la acción con las coherencias posibles de ese hacer, un devenir de hacerse humano, porque tenemos esa potencia todos instalados. El tema es que no hay una garantía de poder desplegar el poder, sino que hay una aspiración. Hay una aspiración de poder ser humanos. Ahora, según lo que hagamos seremos, sino, no seremos. No hay un estado inicial del atributo, sino que hay un potencial para llegar a ser.

En esta dimensión, David y Goliat, plantean algunos aspectos sobre el concepto de poder. Poder desde una capacidad a desplegar bajo un fin, o transformar el poder en sí mismo como algo que ya no es un medio, sino que se hace fin. El poder que moviliza hacia algún lugar o el poder que es el lugar al que hay que llegar. Poder que es para utilizar de manera tal para distribuir, o es poder para acumular y en él poderse instalar con una autoridad que ya no tiene que ver con lo que fue delegado, sino lo que es reemplazado en la delegación del propio atributo, de que ese poder no es para servir, si no para servirse de él. No es lo mismo el poder que "empodera", que el poder que se apodera. El poder que "empodera" es aquel que despliega en nosotros capacidad también de ser y de hacer. Es un estímulo potencial que hace sinergia con el otro; de poderes diferentes que se complementan en objetivos convergentes. Cuando yo pienso qué podés hacer vos, en función de una mística, una utopía, un horizonte común y te ayudo a desplegar esa capacidad para que juntos podamos ser en el hacer. Ya no es solamente el yo, sino el nosotros. Es el poder hacer colectivo. El poder desplegar un pacto, en la tradición judía un *brit*. El texto es para nosotros el registro del pacto de poder. De ahí emana esa capacidad para "empoderarnos" todos nosotros en ese pacto. La dimensión, ya no de "empoderar", que es dejar al otro ser él mismo, y no ponerlo en dimensión de súbdito, se diferencia de apoderar que es sacarle al otro el poder. Es dejarlo al otro neutralizado de toda capacidad y transformarlo en propiedad. Ya no es ni persona ni sujeto, es sujetado por mí cuando me apodero de él. Es cuando es transformado en súbdito, posesión, cliente, dependiente; atrapado ya sea en cualquiera de las dimensiones que no permiten el ejercicio libre y responsable de una libertad. No hay expresión más libre que nosotros podamos tener, que la creatividad de poder. De poder ser, de poder sentir, de poder crear, de poder trascender. Sintetizo el paradigma de David y Goliat, porque en la historia de nuestro devenir como pueblo judío, no siempre fuimos David. Aunque a nosotros nos encante la idea de héroe hecho mito por el cual somos ese David, frente a un Goliat. En la historia judía no necesariamente siempre estuvimos en esa posición y no quiero hacer ninguna extrapolación contemporánea porque caeríamos en una nueva discusión. Pero es un tema sumamente problemático para nosotros como pueblo, cuando hacemos del héroe sólo mito. Porque es importante el mito del héroe, pero es una composición dialéctica. Cuando uno reduce al héroe y lo hace todo mito entonces se hace mítico y no histórico; entonces ya no hablamos de historia sino de una narración que hacemos sobre una historia que queremos contar. Porque es funcional a lo que nosotros queremos decir.

El paradigma del héroe es un paradigma, pero nosotros venimos también con otro paradigma: el de víctimas, donde es cierto, que tenemos registro histórico de cuán víctimas fuimos, pero también hay un mito de ser permanentemente las victimas, que nos corre del lugar de héroes y nos pone en ese David aplastado por Goliat. En esta dimensión, yo creo que la idea de David y Goliat, se sintetiza por que la tradición judía detecta con mucha claridad tres dimensiones del poder. La figura del poder es representada por la corona, se llama *Kéter*, que es al mismo tiempo una de las *sefirót* de la cabalá, de la mística judía, la más elevada y la más conectada con lo excelso y con lo trascendente. La tradición judía plantea tres niveles de poder y los llama: *Kéter Kehuná*, la corona del sacerdocio, *Kéter maljút*, la corona del reinado, y *Kéter Toráh*, la corona de la *Toráh*. Estos tres sistemas de poder se fueron entrecruzando y se fueron regulando entre sí en diferentes partes de nuestra historia. Esa regulación hizo que en determinado momento, el reinado, el poder estuviera en manos de los sacerdotes, ya que ellos manejaban los sacrificios y las ofrendas y cumplían con la conexión mediatizada y concreta entre lo celestial y lo terrenal. Conocemos bien las implicancias de lo que los sacerdotes, no los iniciales en Aarón, sino los sucesivos, hicieron con ese poder. Está la profecía: *¿es acaso éste el sacrificio grato a los ojos del señor? ¿Es esta administración del poder de los que han tomado el templo de Jerusalem y en función de la economía del pueblo se han asociado con el poder terrenal? ¿No será más bien otro el sacrificio que te pido, que es cuidar la viuda, romper las ataduras de los oprimidos y partir tu pan?*

El otro poder tiene que ver con *Kéter Maljút*, los reyes, que tienen que ver con la historia de David y Goliat. Porque Saúl era testigo de esa situación donde el rey no salió a la pelea y salió el pastor. El pastor muy hebreo en su origen, como Abraham, se transformó en guerrero. En ese acto tuvo su iniciación y tuvo su retorno mítico. El pastor que se hace guerrero y a partir de ahí, rey, no por sucesión, porque la sucesión es la perpetuación del poder del rey retenido. Pero en este caso, no se lo delegó a su hijo Jonathán sino a su amigo David, que tomó el poder. La secuencia no fue de investidura y delegación, sino fue también de pelea y de apropiación. Hay una pelea de David con Goliat, pero hay una pelea de David con Saúl. Pelea de la que no queremos hablar. Cuando hacemos el relato mítico no hablamos de esta sucesión. Ahora bien, los reyes son destituidos y los reinos de Israel y Iehudá terminados. A partir de ahí aparece el término de "judío", porque de Iehudá salimos al exilio y cuando retornaremos seremos llamados los descendientes de Iehudá. El síntoma, la clave del fracaso de este poder político. Volvimos redimidos y liberados de la finalización de lo que los profetas habían advertido. ¿Quieren ser como todos los pueblos? Hay un sólo rey, es el Rey de Reyes, el Dios Santo. Si piden un rey terrenal se van a equivocar. Van a perder el camino, van a perder el rumbo. La voz del clamor profético siempre estuvo en contra de los poderes. Siempre. Nunca el profeta fue con el poder, sea un sacerdote, *kehuná*, o sea un rey, *maljút*.

Por último aparece *Kéter Toráh*, y acá no es la persona, sino la función. Es el texto y no su intérprete. No es *Kéter Rabanut*, no es la corona de los rabinos, es la corona de la *Toráh*. Texto sagrado de un pacto en el cual todos somos hijos de la Ley por igual, y por lo tanto quien la interpreta y la pone en contexto y la enseña, tiene el poder de la interpretación y de una Ley que es igual para todos. Es la constitución nacional del pueblo judío, el poder de la ley donde todos cumplimos con esa Ley, entonces todos podemos ser, en el hacer. Hacemos una ley en lo que somos y somos una ley en lo que hacemos. Entonces tenemos un poder equitativamente distribuido, donde el maestro tiene que poner la ley a disposición y administrarla, pero todos nosotros nos remitimos a un texto. Es un pacto, es un compartir, es un deber. Las interpretaciones de cualquiera de estas ideas, de David y Goliat, y las dimensiones de los poderes, creo que está abierto a cualquier contexto. Si nos hubiera tocado esta misma mesa hace dos meses hubiéramos tomado estas ideas para una interpretación, pero en el contexto que estamos hoy, abrimos el juego para interpretarlo en el contexto que nosotros hoy nos encontramos.

En este punto quisiera abrir dos dimensiones tomando la idea de confusión. Sí, yo pienso que estamos confundidos. Acepto esa denominación en el estado general de las cosas. El desafío es si en esa confusión, nos esclarecemos conversando y aprendiendo, o en esa confusión nos esclarecemos anulando y persiguiendo. Yo creo que tenemos una gran oportunidad como argentinos en estado de confusión, creo que debemos de iluminarnos, pero no a través de iluminados, sino a través de un devenir, en el cual todos vamos caminando, conversando y aprendiendo. La primera conversación que yo también propongo, es que sea en nuestra casa, o sea, en la misma comunidad judía. Porque tan confundidos estamos, que exigimos fuera de la comunidad lo que no sostenemos dentro de ella, y como la comunidad judía no es otra cosa que un pedazo de la Argentina, transversalmente cruzada por las mismas cosas que denunciamos en la sociedad, que nos suceden a nosotros también; esta noche, por lo menos este es mi punto de vista, como vos bien planteabas las palabras que yo pude decir, que bajo ningún punto de vista representan a la comunidad judía. En ningún punto yo me arrogué esa representación institucional. Sí puedo decir que representa el sentir de muchos judíos o de la comunidad judía en la sociedad Argentina y el de algunos ciudadanos.

Creo que hay un motivo de polémica y de discusión, y no revindico los términos; revindico la oportunidad que tenemos de poder conversarlos. No creo que ninguno de los términos aquí planteados, tengan que ser tomados como tales y no temo rectificar a ninguno de ellos, por ejemplo, respecto a la confusión que podamos tener. Pero sí revindico el derecho ciudadano y eso no es una confusión. El derecho ciudadano tiene que ver con una garantía institucional: que nos podamos expresar. Con diferentes responsabilidades, por supuesto. La pregunta: quién representa, es una pregunta por el poder.

En Argentina nos representan la Constitución Nacional y sus garantías. Esas son las reglas del juego que tenemos que jugar. Esas reglas son *Kéter Toráh* para la unidad nacional, porque ésa es la *Toráh* de los Argentinos: la Constitución. Un derecho democrático y republicano, sus instituciones y la participación en la democracia real con igualdad para todos.

En ese plano considero que hay una nueva manera de pensar la comunidad judía, este tipo de actividades da cuenta bien de ello, y creo que nuestra comunidad como tal, tiene que devenir en su poder para servir a los intereses de la comunidad judía y no necesariamente al servicio de quienes la representan. Hoy, planteo mi tristeza por las confusiones. Las confusiones argentinas, las confusiones judías, las confusiones en nuestras instituciones, las confusiones de la poca capacidad que tenemos de disentir, de conversar. Me recuerda muchísimo a la época de Memoria Activa. Íbamos a la plaza y preguntábamos a las instituciones y a la comunidad qué podíamos o debíamos decir en función del interés de la comunidad. Pero no tuvimos una respuesta. Dennos una respuesta de plan estratégico como comunidad respecto a lo que tenemos que decir. Somos tan brillantes y tan capaces los miembros de la comunidad judía, pero al mismo tiempo manejamos de una manera tan oscura, incapaz e ineficiente la agenda comunitaria, que evidentemente en eso también estamos confundidos. También estamos necesitando de esa conversación de las semanas de la guerra. Cómo esclarecemos, en esta confusión, lo que es el Pueblo Judío, lo que es la Nación Judía y lo que es el Estado de Israel. Sin temer ponerle a cada cosa su nombre. Porque en la Argentina está todo, en este caso, también confundido. Judío, Israelí y Estado es exactamente todo igual.

Llegó el momento en el cual tenemos que empezar a aclarar algunas confusiones respecto a qué vamos a hacer los judíos en la Argentina, por la Argentina en donde vivimos y por la contribución judía que le debemos. Eso no va a venir de las instituciones, va a venir de los ciudadanos judíos argentinos sin dobles lealtades sino con la coherencia por la cual no se trata de héroes, se trata de poder ser en el hacer.

Alejandro Kaufman – Efectivamente esta mesa fue armada pensando en la guerra, ¿no? Me parece acertado lo que decía Sergio sobre distinguir el mito de la historia, en relación tanto a los héroes como a las victimas. Es decir, el mito del héroe y el mito de la victima. Sin embargo sabemos que ha habido un rol del pueblo judío en relación a la condición de la víctima. Ese es un tema de una enorme densidad y quizás sea la verdadera cuestión que tenemos para discutir. Creo, sin embargo, que lo que traje para plantear está vinculado, porque cuando en la historia de occidente se discute sobre la víctima, sobre la víctima y el victimario, siempre está el judío ahí. Es decir, cuando se crea una atmósfera de linchamiento como la hay en la Argentina, hace bastante tiempo, yo tiemblo como judío. Me he dedicado mucho al tema del linchamiento, como judío. No hay nada más judío en mí que cierta sensibilidad. Cuando veo que una multitud con antorchas sale a colgar a alguien, hay algo en mí que resuena, es decir, resuenan los *pogromos*, resuena la historia judía. Nosotros sabemos de qué se trata. Nosotros no podemos estar confundidos, es decir, hay una confusión, pero nosotros somos los que no podemos estar confundidos, y decir no, no estamos confundidos.

Porque en el momento de la guerra, personalmente asumí la decisión de no firmar nada, de no adherir a ninguna expresión pública en esa ocasión. Creo que el problema de las expresiones públicas es que conmovieron con voces proféticas como la de León Rozitchner. La de Rozitchner, no las de Alejandro Horowicz y Elsa Drucaroff, que estuvieron ahí sin saber muy bien qué era lo que estaban haciendo. León Rozitchner es un profeta hebreo y puede decir lo que quiera y lo que dice cuando habla así. Es discutible, como cualquier expresión, pero efectivamente uno cuando habla de David y Goliat, tiene muy presente a Nathán. Las cosas que decía Nathán a David. No puede haber un momento en la historia de la humanidad donde alguien haya hablado así a un rey en sus propias narices y haya sido tolerado. Es un momento culminante en la historia épica de la humanidad, la relación que hay entre Nathán y David. Porque además David había cometido actos personales, no era solamente lo perteneciente a la teología política o a la estrategia, sino actos, que ahora llamaríamos de corrupción, y que Nathán denunciaba con energía porque lo podía hacer.

Nunca ocurrió que un profeta hebreo fuera cuestionado por el poder por el hecho de ser profeta hebreo, por expresarse de esa manera. En estos días una de las confusiones que se produjo fue con la voz del profeta, y hay muchas, la de cada uno de nosotros puede ser una de esas voces. Inclusive cuando un profeta hebreo dice "somos como nazis", lo puede decir, porque lo decimos, porque nos sale decirlo. Sin embargo, esto no puede trasladarse a una solicitada, uno no puede ir por la calle haciendo firmar eso, porque allí sí se convierte en un despropósito total. Es decir, la cuestión no está en las palabras que se dicen, sino en el acto ético político que se produce. Esto tiene que ver con la confusión. Entonces se empiezan a debatir ideas, cuando no son las ideas las que están en discusión, sino esta otra condición de ese otro sujeto que coloca el cuerpo en el lugar de la palabra, que en eso consiste lo que el judío tiene para decirle a la figura del intelectual en la modernidad. Figura nacida en relación a una discusión sobre antisemitismo. Aparece con Emile Zola que interviene en el caso Dreyfus. He ahí la cuestión judía.

Estos días de la guerra empecé a hablar de la cuestión judía. Me tocó una charla sobre Foucault, dije "Foucault y la cuestión judía". Porque en Foucault está la cuestión judía. Es decir, la cuestión judía es el testigo del fracaso de la modernidad, de la emancipación, de la democracia burguesa. Porque sigue habiendo un problema judío. Sigue habiendo antisemitismo, sigue habiendo odio, siguen habiendo multitudes que salen con las antorchas a quemar judíos, los judíos "asesinos de niños". Realmente no podemos dejar de hablar de eso, pero justamente yo quería señalar la profundidad y el alcance que tienen estas cuestiones cuando hablo de confusión. Estamos en el seno, en nuestra generación, de la peor ola antisemita que hayamos presenciado. Siempre viví en la Argentina y esta es la peor ola de antisemitismo que he visto, la que ha habido en estas semanas, la peor. La peor porque ahora lo que se ha manifestado como antisemitismo no son los resabios del nazismo o del nacionalismo católico, todas esas figuras que son constantes, que son como una endemia. Es como decir: "siempre hay gente resfriada, ¿no?, pero a veces hay epidemias de cólera, siempre hay una cantidad de nazis, digamos que están ahí, los nacionalistas católicos que mantienen su perfil más o menos constante". Cada vez que hay un gobierno progresista, o que es visto como tal, como pasó con Alfonsín o con Kirchner, profanan algunas tumbas judías, o imprimen más ejemplares de *Mi Lucha* o folletos antisemitas. Eso ustedes pueden observarlo en Buenos Aires, siempre fue así. Ahora está ocurriendo otra vez, *Mi Lucha* está por todos lados, y no solamente por lo de Israel; hay una cuestión que tiene que ver con los derechos humanos, con la democracia, con que no se mata gente. La policía no mata gente en movilizaciones, en manifestaciones, respetan ciertos derechos ciudadanos como no ha ocurrido en décadas en la Argentina. Entonces esta gente trabaja más activamente. Pero la ola de antisemitismo que me preocupa no es esa, porque de esa nos olvidamos.

¿Quién está preocupado por eso? Uno convive con eso desde su infancia, la cuestión es que ahora ha habido una ola de antisemitismo en el progresismo, en el movimiento de derechos humanos. Figuras señeras del movimiento de los derechos humanos diciéndonos que no aprendimos de la *Shoah*. ¡¿Qué es lo que teníamos que haber aprendido de la *Shoah*!? ¡Los únicos que no tendríamos nada que aprender de la *Shoah* somos los judíos! No tenemos nada que aprender porque fuimos sus víctimas y lo seguimos siendo en la medida en que hay una maldición sobre el pueblo judío, en el deseo del exterminio del pueblo judío que fue puesto en la *Shoah* y que es irreversible, es irreductible, está a la orden del día y aparece en la guerra del Medio Oriente permanentemente.

Uno se encuentra con figuras respetabilísimas del campo progresista y de los derechos humanos, que aluden a esas palabras —las lecciones que el pueblo judío no aprendió de su propia desgracia— en el espacio público y sin distinciones. Algunos de ellos —no obstante lo indiscutibles que son en sus dimensiones y trayectorias éticas—, diciendo que los judíos no aprendimos de la *Shoah*. ¡Es el mundo —en todo caso— el que no aprendió de la *Shoah*! ¡Es el mundo el que en realidad debería haber aprendido de la *Shoah*!, y solamente "aprendieron" algunos allegados de los perpetradores. Quien entiende hoy que no sea concebible la presencia de un alemán con un casco azul frente a un soldado israelí, es la canciller de Alemania. Un soldado alemán no puede correr el riesgo de disparar contra un soldado israelí. Es decir, contra un soldado judío. Porque es cierto que hay una diferencia entre Nación, Estado y pueblo, pero el Estado es judío y parte de la guerra es porque quiere ser judío y nosotros no podemos disentir muy fácilmente de eso. El judaísmo no es un partido político del que uno se borra. Pero fíjense lo que es el espacio público y esta actitud que tuve de negarme a toda manifestación en ese terreno de las adhesiones pseudo políticas. Si tuviera que argumentar en esta discusión, tendría que preguntar algo bastante complicado: "¿no querés ser más judío? Entonces renunciá a la ley del retorno". Eso no se pude decir, porque la ley del retorno es la condición mínima de dependencia de la judeidad, que es irrenunciable. Es decir, uno no podría renunciar aunque quisiera —aunque lo declarara—. Hay una serie de cuestiones que están ahí olvidadas y que forman parte de la confusión y estuvieron a la orden del día en este sentido. Voy a decir algo todavía más acentuado sobre esta confusión. No hay entidad colectiva en este mundo de pos Auschwitz que pueda juzgar a los judíos como entidad colectiva. Sin embargo, desde Israel probablemente se hayan cometido crímenes de guerra y se puedan anticipar crímenes de guerra, porque es un ejército moderno en una época genocida donde los ejércitos modernos son genocidas y la guerra es genocida. Es genocida estallarse en pedazos en Tel-Aviv con una bomba llevada al cuerpo y es genocida destruir un país como el Líbano, por la razón que sea. Esto es una cosa que además como judío no puede menos que producirnos un profundo malestar.

Sergio Bergman – En las calles de la Argentina, el anti-israelismo se hace a la vez antisemitismo y tiene una militancia de una envergadura que nosotros ni siquiera queremos reconocer. En nuestra confusión y en nuestra exposición creemos que estamos –ya– más allá de cualquier cosa. Sin reconocer que el excesivo protagonismo mediático y público de la comunidad judía se debe sólo a tragedias como fueron las voladuras de la AMIA y la Embajada. Porque nosotros nunca en la historia tuvimos este protagonismo, lo tenemos a partir de que nos atacaron. Hay catorce años de complicidad y de participación en la red local y en la ciudadanía argentina que viene expresando solidaridad, pero que no quiere asumir ninguna responsabilidad. Somos un objetivo, así nos llaman a las instituciones judías en el lenguaje policial: objetivo. Ese objetivo tiene que ser un bunker y ese bunker tiene que construir un *ghetto*. Parece como que nosotros queremos volver al *ghetto* conceptual y hay quienes que, comunitariamente, lo fomentan.

La única defensa que nosotros tenemos para un interés judío, es meternos en la agenda de la ciudadanía argentina. Acepto lo de la confusión, ¿cómo lo hacemos? Eso está todo abierto, pero la estrategia para mí en este caso tiene que ser clara. ¿Estamos convencidos que la mayor parte de los argentinos son esencialmente antisemitas y saldrían con las antorchas a buscarnos, o es sólo una minoría? Para mí es una pregunta estratégica. Si nosotros creemos todavía que la mayoría no saldría por propia iniciativa con las antorchas, pero muchos irían atrás de ellos cuando salgan –que no es lo mismo–, entonces es el tiempo de reclutarlos a favor de una causa ciudadana constitucional. No para hacer ideología de quién tiene razón, sino para hacer profilaxis de la jurisdicción. En este país no se mata gente, no se la persigue; se la deja transitar, se la deja manifestar, se la deja expresar, no porque uno está de acuerdo con lo que dice, sino porque tiene la garantía constitucional de ser un ciudadano de este país. Nosotros como judíos tenemos que instalrlos como ciudadanos de primera en igualdad de condiciones; porque siempre estamos en la posición superlativa de que nunca estamos en ningún lado; es decir: estamos acá pero por la ley del retorno podemos estar allá. Cuando las cosas anden mal, ya sea por crisis económica en el 2002, o cuando venga un *pogrom*, o lo que venga, tenemos a Israel. Pero a Israel hay que sostenerlo todos los días. Para quien tiene claro que la manera de defender los intereses del Estado de Israel, tiene que ver con lo que Israel hace, tiene toda la razón y tiene todo el derecho, pero se tiene que ir a vivir allá. Porque en la medida en que uno vive acá, adhiere con Israel pero se compromete con la agenda del país donde uno vive. Somos todos sionistas. El sionismo es legítimo, pero tiene que ser coherente con nuestra lealtad ciudadana en la Argentina.

Al embajador del Estado de Israel hay que darle toda la adhesión, pero no tenemos obediencia debida hacia un embajador. Porque, el trabajo en Argentina en relación al esclarecimiento respecto a la política del Estado de Israel lo tienen que realizar los funcionarios de la Embajada; contratar voceros, tener profesionales que trabajen en los medios; gente que en nombre del Estado de Israel defienda los intereses mediáticos del Estado de Israel.

Poner a la comunidad judía a defender incondicionalmente situaciones que van a favor de la soberanía del Estado de Israel y su política, pero en contra de la ética judía y los derechos humanos que queremos sostener en toda circunstancia y en toda razón, nos pone en un dilema moral, ético y judaico que no podemos aceptar. No significa estar en contra de Israel. Es estar a favor de lo judío, de lo nacional y de la reivindicación que a Israel le corresponde. Significa sostener una practica judía, significa sostener la adhesión al Estado de Israel y, significa preguntarse respecto a los civiles del Líbano? Nosotros no dijimos nada de los civiles del Líbano como comunidad. Eso es un error ético, comunitario y judaico imperdonable. Es imperdonable.

Ahora, la otra situación, no la comunitaria sino la argentina: el diálogo interreligioso. Todos los que aparecían y hablaban, no están más? ¿El diálogo interreligioso es cuando anda todo bien, pero cuando hay problemas desaparece? El diálogo interreligioso es genuino a la hora de los problemas, no a la hora que está todo bien. Nosotros nos quedamos sin interlocutores moderados.

La comunidad judía con sus referentes dicen: preservémonos. ¡No, no, no! No meterse y no involucrarse es suicidarse en términos de que uno tiene que salir a la calle en la Argentina a decir por lo menos tres cosas que tienen que ver con la coherencia de la agenda nacional y la ética judía. ¡Fin de la guerra y cese del fuego, ya! No estoy diciendo que Israel como Estado no tenga legitimidad de defenderse como quiera, pero como un judío de la diáspora, en la Argentina, no tenemos ninguna legitimidad para revindicar ninguna guerra. Guerra no. A la guerra no podemos decirle que sí. Para decir que sí hay que estar allá. Cese de las hostilidades, reconocimiento mutuo de los pueblos, dignidad para ambos, establecimiento de un Estado soberano palestino para el pueblo palestino, que conviva en paz con Israel. Respeto a las resoluciones de Naciones Unidas de uno y otro lado, y Paz. Lo seguro que tenemos que hacer desde Argentina es pedir por la paz, rezar por la paz y proclamar por la paz. No salir por un lado los judíos y por otro lado los musulmanes, salir todos juntos. No hacerlo habilita después a Quebracho, habilita después a lo que pasó frente a la Embajada de Israel y habilita a que no pase nada frente a la Embajada de Irán. Porque si había que ir a la Embajada de Irán, había que ir el día que el Presidente de Irán, pidió que se elimine a Israel del mapa. No el día de la guerra, había que ir antes, había que moverse antes, había que de alguna manera tener los anticuerpos previstos y no para el día del incendio. El día del incendio es tarde, esto lo tenemos que trabajar con muchísima anticipación.

Alejandro Kaufman – Muchas de las cosas que decís, Sergio, sobre el tema de Israel y la relación con la diáspora, las comparto bastante. Lo que me produce un serio problema es la agenda, lo que vos llamas agenda ciudadana o pública argentina que es justamente lo que está en discusión. Yo creo que no hay una agenda que no esté en discusión y justamente lo que vos llamás "la agenda", si se entiende como el tema de la seguridad, por lo menos como un tema privilegiado de esa agenda: esa es la agenda del poder. Al menos de una de las formas del poder, es la agenda de la derecha, de la violencia, de la crueldad, del cerrar los ojos al sufrimiento de la viuda y el huérfano. Si hay algo que es cerrar los ojos al sufrimiento de la viuda y del huérfano en Argentina, es la agenda de la seguridad. Sobre eso no puede haber ninguna duda. Es decir, uno puede discutir qué hacer respecto de la inseguridad, de los problemas urbanos, de los hijos, de las drogas, de todo lo que quieran. Pero la agenda de la seguridad, el discurso de la seguridad, las movilizaciones por la seguridad, forman parte de una agenda de derecha. Obvio que puede haber una derecha judía, como la ha habido siempre por supuesto, por eso puede ser interesante aclarar las confusiones.

A mi me llamaron la atención algunas posiciones que sostuviste en el discurso del otro día porque no te conocía sosteniendo ese tipo de posiciones. Son legítimas. Alguien puede sostener el tema que quiera, es decir, yo puedo pensar que una agenda de derecha linchadora y cruel, penalizadora de la pobreza y de las diferencias sociales, es una agenda que se conduce en el mismo sentido que un contexto antisemita. Pero eso obviamente es discutible.

Por otro lado, quiero agregar algo sobre lo que se puede esperar que ocurra o no ocurra, porque se me pasó decirlo antes. Quería contar cuando se suscitaban las discusiones con amigos que se sorprendían por no haber firmado la solicitada. "¡¿Por qué?! ¿Cómo puede ser?", me decían. Tengo otros amigos muy cercanos, con los que habíamos decidido no firmar y teníamos que explicar por qué no lo habíamos hecho. Los amigos primeros, los sorprendidos, me decían: "me sorprendí" y después reconocieron y hasta me pidieron disculpas, por haberme hecho esta pregunta y por su actitud frente a la solicitada, lo cual indica el valor del diálogo. Pero también me dijeron: "lo que pasa es que yo pensé que era una solicitada como las de Irak, o cualquier otra cosa que uno va y firma sin pensarlo mucho y no encuentro en mí mismo", me decían, "sentimientos antisemitas." Por lo tanto, eso le sorprendía, "no los tengo, pero me sorprenden las consecuencias que tienen mis actos".

Yo esto no se lo contesté porque no quería ser tan brutal, pero pensé: "¿sabes cuál es el limite de la sorpresa?, cuando lo que sale de la ducha no es agua, ese es el límite de la sorpresa". Porque en todo lo que me están diciendo, está la tragedia judía. Está el que se da cuenta veinte años antes de lo que va a pasar y está el que llega al momento ése y se sorprende de lo que le ocurre. En eso radica la tragedia. No estoy diciendo que una cosa es mejor que la otra, pero creo que viene bien recordarlo y asumir la falta de certidumbre que se puede tener frente a la condición judía en el mundo moderno, ¿no?

Público – Bueno, antes que nada me declaro totalmente confundido a partir de esto, ya que hablaron de la confusión como eje. En relación a la posición de Sergio, estoy también muy confundido porque como uno es judío y "progre", verlo en la tribuna, con un público plagado de "servicios" y toda esa lacra que, como veníamos escuchándolos, participaron y se ensañaron con los judíos y demás. Uno no puede tampoco desentenderse de que había gente que realmente estaba preocupada por algo que es tangible, concreto. Estamos en una situación de inseguridad ciudadana y eso me genera confusión porque por otro lado lo escucho a Sergio hablar de como los judíos argentinos tenemos que involucrarnos en la agenda ciudadana. ¿Cuál es la agenda ciudadana y cuál es el límite del involucramiento? ¿Hay una sola agenda o podemos empezar a discutir hasta dónde, como judíos, no nos estamos enterrando hasta el cuello apoyando el pie en un agenda?

Sergio Bergman – A ver, dos puntos importantes respecto de dos temas. Uno es la historia de cómo los acontecimientos nacen y otro punto, son las consecuencias de lo que uno hace. Entonces acá hay dos niveles. ¿Cómo nosotros llegamos ahí? Llegamos por dos motivos. Uno, como Alejandro planteó, bien o mal, nosotros trabajamos hace muchos años con padres con hijos fallecidos. Lo hacemos en general. Nuestro grupo se llama "Continuar", lo hacemos también con "Renacer". "Renacer" trabaja en las iglesias y nosotros trabajamos en la comunidad. Dentro del grupo de padres con hijos fallecidos hay un subgrupo de padres con hijos fallecidos en asesinatos y situaciones de violencia de múltiples extracciones y lejos de ser gente de derecha. Que después la derecha lo capitalice es una historia que tendremos que ver, así como quién arma la agenda y discutirlo. La otra línea es que nosotros fuimos por Diálogo Argentino y no ahora, sino cuando esto empezó. Ellos le piden a Diálogo Argentino –les recuerdo, Diálogo Argentino eran las religiones y la sociedad civil trabajando en el 2002 por la restitución del tejido social y todo el colapso político, tenia mesas temáticas, seguridad y justicia social– que vayan ministros religiosos a hacer una invocación. No se olviden que en esa época era la luna de miel de Blumberg y Kirchner, porque hubo una luna de miel y nosotros fuimos a participar siempre con un determinado discurso.

Ahora, lo que les puedo decir con todas las contradicciones que tiene lo que uno hace y las dudas que uno tiene, es que mantuvimos la brújula con el mismo norte. Venimos haciendo lo que hacemos siempre. ¿Cambió el contexto? Es cierto. ¿Lo que antes estaba bien ahora está mal? Es cierto. ¿Se subieron al escenario personajes indecibles e imposibles de sostener? También es cierto. Todo eso es cierto. El punto es que de ninguna manera tenemos que ratificar ni el armado de la agenda por otros, ni de los que vienen y van, ni los que aparecen, ni los que figuran, ni el contenido de lo que el mismo Blumberg dice. Porque no podemos desnaturalizarlo tampoco a él. El es un ciudadano que hace una propuesta. Si nosotros tuviéramos un país que funciona, en treinta días lo neutralizás. Tomás la carpeta del señor y le decís: esto va, esto no va. Nosotros vamos a responder a la inseguridad, no a la seguridad, a la inseguridad, de esta manera. Tenemos una política de Estado, lo hacen los demócratas, los "progre", la gente bien, no ustedes, los de derecha, lo hacen la gente bien, pero esto es lo que se hace y esto es lo que se propone, por lo tanto queda neutralizado por la acción democrática constitucional del estado de derecho que el Estado les provee a los ciudadanos en las garantías constitucionales. No un sueño descabellado de la derecha. Las garantías constitucionales te proveen algunas cosas que hoy los argentinos no tenemos. ¿Tenemos un montón de cosas? También estoy de acuerdo. Entonces que en lugar de Blumberg, vaya Rabinovich o vaya el señor González y empiece a movilizar legítimamente el clamor popular!, para tener, no te digo una Plaza de Mayo, sino una placita. Que tengamos mil "Memorias Activas" y en vez de un Blumberg, dos mil Blumberg, cada uno con la agenda que quiera y que proponga. Que haya un uso político después de eso, no somos ingenuos, lo hay. Pero hay un decir ciudadano donde sin banderas partidarias y de manera pacífica, ciudadana y responsable, uno se moviliza. Lo que tenemos que alentar nosotros, no es cómo lo hacen y quiénes lo hacen, sino la razón de la movilización, que significa que los argentinos se movilicen. Entonces que haya liderazgos populares o de base de cualquier extracción, es más, que los judíos aprendamos a vivir en el disenso.

¿Cómo puede ser que nosotros le exijamos a la sociedad argentina lo que no podemos sostener en la comunidad? ¿Tenemos que tener una sola voz? ¿Eso no es totalitarismo judío también? No es ordenamiento orgánico, porque nuestras instituciones no son ni centrales ni representativas, son emblemáticas. ¿O votan todos los judíos? ¿O participan todos los judíos?

Entonces si uno quiere hablar de los judíos, tiene que hablar de la ciudadanía argentina. Porque los judíos que están en las instituciones son la minoría, y somos los que nos estamos mirando el ombligo todo el tiempo. Pero la realidad en la Argentina no pasa por las instituciones judías, ni mucho menos por su comité ni por la cabeza de sus dirigentes. Ahora, para cambiarlo todo, yo, personalmente, lo que propongo es que se arme, no una agenda, mil agendas, y que el Estado funcione y delibere y que no polaricemos con el Poder Ejecutivo. Si fuéramos una republica podríamos ir a hablar con los Legisladores. Si queremos garantías constitucionales podríamos hablar con los Jueces. Pero yo cuando hablo de monarquía constitucional no me refiero a Kirchner, me refiero a la cultura de los argentinos que permitimos que colapsen nuestras instituciones y que nos gusta votar para dos años y que no nos gusta trabajar todos los días. Para sostener las garantías constitucionales de una democracia que la entregamos mesiánicamente a los caudillos de turno, porque no nos gustan los próceres, nos gustan los ídolos y nosotros hacemos del país una cancha de fútbol. Tomamos partido cada dos años, subimos a las tribunas con las banderas y dejamos que jueguen el partido los que están en la cancha. Resulta que un día alguien se lleva la pelota y no jugamos más. Entonces es mejor que nos llenen de goles jugando el partido que mirarlo desde la tribuna. Porque cuando es fútbol no hay problemas, pero cuando es tu país, tu lugar, tu casa y tu vida no podemos permitirnos mirarlo como espectadores. Mucho menos que en nombre de todos nosotros baje alguien a la cancha y decida "acá está el jugador judío". No hay jugador judío, somos todos ciudadanos argentinos y ahora sí, veamos que hacemos con nuestra comunidad. Además, no sé si esto lo tienen claro, pero nosotros no tenemos comunidad judía, lo que nosotros tenemos es una horda caótica de instituciones que están convencidas de que son toda la comunidad.

¿Entonces, cuándo vamos armar la comunidad judía? ¿Si nosotros no armamos la comunidad judía, cómo le vamos a exigir a la Argentina que funcione? Hablamos de impunidad afuera de la comunidad y dejamos a todos los impunes que hicieron lo que hicieron en la comunidad y nadie hizo nada. Pedimos justicia afuera, pero no la sostenemos adentro. Pedimos pluralismo y democracia, pero nosotros no somos reconocidos en el rabinato de la AMIA. En algún un momento, hay que terminarla. Yo estoy de acuerdo, no dirimamos esto en la calle, hagámoslo dentro de las instituciones. Pero la calle es la calle de los argentinos. Acá está Gerardo Mazur que fue uno de los fundadores. Cuando empieza Memoria Activa, nos llaman al orden las instituciones centrales. ¿Quién les dio permiso para ir a la Plaza Lavalle? Que es verdad, es una pregunta legítima desde el pensamiento del *establishment* judío. ¿Quién da permiso? Nadie da permiso, la Constitución Nacional te habilita; como ciudadano, uno puede transitar y manifestar. Pero ¿los intereses de la comunidad? No sé cuáles son los intereses de la comunidad, ni quienes los manejan. Es más, en esa época había bancos y se llevaron los intereses, el capital, se llevaron todo...

Entonces, en esa posición nosotros tenemos que empezar a aprender a tener autonomía de pensamiento, pluralidad y aceptación. Cuando vos te subís a un colectivo: ¿le preguntás a cada uno qué piensa y le decís bajáte porque no pensás igual a mí? Bueno, lo mismo en el tránsito, lo mismo en el colectivo imaginario de la sociedad; uno convive con otros, con los que no tiene que compartir las ideas, pero tiene que convivir. Todos los personajes nefastos que están sueltos deberían estar presos si hay justicia, pero uno no los juzga en una manifestación, los mete adentro si funcionan las instituciones. Ahora si no funcionan las instituciones: ¿qué vamos a hacer? ¿Justicia por nuestras propias manos? Decís: "bueno yo, con esto no me quiero quedar pegado.". Bárbaro, no nos quedemos pegados con estos; te hago una pregunta: ¿con quién nos vamos a pegar?

Porque en casa no lo podemos resolver y en el *ghetto* judío nos van a venir a buscar y nos quieren venir a buscar. Y en este sentido les quiero plantear también que con Moshen Ali no quiero hablar, pero si la comunidad árabe argentina no pone otro interlocutor: ¿con quién querés que hable? Vos me vas a decir: "no hables". No se puede no hablar, porque alguien lo tiene que neutralizar, esto no significa convencerlo de que está equivocado porque a él le paga Irán, es un empleado de Irán. Todo video de cada manifestación que hace, lo manda a Teherán y a cambio recibe dinero. Porque Mohsen Ali me explicó a mí, cómo los judíos volamos la AMIA; me lo explicó. Entonces yo se lo que Mohsen Ali dice, no ahora, lo dice siempre, o sea que esa no es la novedad. ¿Cuál es la novedad? Que las comunidades árabes dicen que él es mi interlocutor. ¿Qué hacemos con esto? La política que tenemos nosotros, oficial y de los dialoguistas oportunistas, es "cuando pase todo, y quede bien hablar, volvemos a hablar, ahora que está todo mal no me voy a exponer. Yo no me voy a exponer a confrontar con Mohsen Ali". Señores: hay que neutralizarlo actuando, porque él contrata a los extras. Le da la plata a Quebracho, le da la plata a los piqueteros y los contrata para sus manifestaciones. Eso no significa que esté en contra de los piqueteros, significa que cuando todos podemos ser utilizados en una agenda que no es propia, nos apropian la agenda. Entonces, seamos creativos, busquemos alternativas, participemos. Si somos capaces de hacer un *Rosh Hashaná* en la calle, urbano, deberíamos ser tan capaces de hacer urbano el judaísmo también. No solamente en nuestras fiestas y no solamente en nuestra cultura. Nuestro compromiso ciudadano. Nosotros no tenemos que votar como corporación judía, pero tenemos que participar como judíos en la Argentina que aún nos debemos. Lo enseñaron nuestros abuelos que se hicieron gauchos judíos. No dejaron de ser judíos, pero se hicieron gauchos. No confundamos la asimilación con la integración. Si nosotros no nos integramos a la Argentina, no vivamos acá. No hagamos un *ghetto* en un país, vivamos en un país con igualdad, con dignidad, con participación, con responsabilidad. Si hay un país donde hay garantías para lo judío de manera absoluta, donde no hay que trabajar, ese país es Israel. Habrá que trabajar otros temas pero no con la agenda de lo judío. ¿Vos vivís en la Argentina? La agenda de lo judío está todos los días en nuestras manos y no la dejemos en manos de nuestros dirigentes. Pidamos a los dirigentes que rindan cuentas a la comunidad y que consensúen la agenda. Muchos no saben ni siquiera de que se trata. Entonces la comunidad judía en el 2006, está como la Argentina en 1810. Hay que ir a la comunidad judía a decir: el pueblo judío en la Argentina, quiere saber de qué se trata.

Alejandro Kaufman – Voy a hacer un solo comentario critico sobre lo que estabas diciendo. Lo voy a hacer así frontalmente, porque me parece, en todo este discurso que estas planteando aparece como si fuera un destino, o algo inevitable, ir a la Plaza con Blumberg, cuando no es inevitable. O sea, hay otras alternativas y yo creo que justamente lo último que habría que hacer es estar ahí. Porque creo que justamente todas esas tareas...

Público – ¿¡Cuáles son esas alternativas!?

Alejandro Kaufman – Perdón, perdón, no nos interpelemos de esa manera. Los que estamos aquí, no estamos para discutir alternativas, sino para ver si las que creemos que son las únicas, son o no las únicas. Eso no depende de que haya otras. Porque si no habría que estar siempre con el más fuerte. Estamos hablando de David y Goliat, hay que estar con Goliat, porque es el más fuerte. David no era una alternativa hasta que lo demostró, siempre se presentan así los escenarios sociales. Las alternativas se construyen a *posteriori*, no es que uno tenga que saberlas para ejercer una crítica. En este discurso aparece que integrarse como argentino o asumir la agenda es ir a hablar con Blumberg. Aparece un tema que es muy argentino y hay que discutirlo como argentino, que es el tema del balcón y la plaza. Que es el del extravío de los argentinos y de los líderes argentinos que se extravían porque creen que tienen que estar ahí. No hay porqué estar ahí, no es el único lugar. A eso me refiero. No estoy hablando de cómo encarar el problema que se estaba discutiendo ahí solamente. Sino que si uno está involucrado en la tarea que decías, en la tarea de consuelo, con los familiares, en la tarea espiritual, eso no se adhiere necesariamente a que cuando Blumberg llama a una marcha, uno tenga que estar en esa marcha. Cada palabra que habla Blumberg es de un racismo insoportable. ¡Por amor de Dios!

Público – ¡Es tu opinión!

Alejandro Kaufman – Claro que es mi opinión. Ayer, por ejemplo, por televisión hicieron una pequeña antología de las cosas que dijo Blumberg. En una de ellas —y me parece que esta sola bastaría para que el nombre de Blumberg sea impronunciable en un circulo mínimamente democrático— Nancy Pazos, en una entrevista radial, le pregunta a Blumberg si él y su hijo habían sido alguna vez discriminados por rubios y adinerados. Blumberg, que no le alcanza para poder entender esa pregunta –porque uno puede ser discriminado también por cualquier diferencia que tenga– no entendió la pregunta. La entendió como que si él discriminaba y dijo: "no, yo tengo amigos negros, pero son gente de alma blanca, tienen la piel negra, pero el alma blanca".

Entonces, si vos me decís como agente social, persona que trabaja, rabino, todo lo que vos quieras, que tenés que estar con Blumberg, estamos muy mal. Se ha triplicado la población carcelaria en la Argentina en los últimos años. Lo único que surge del movimiento Blumberg desde el principio es, el negacionismo del fenómeno de los desaparecidos, de la represión de la dictadura. Negacionismo, porque decir que es lo mismo haber perdido a un hijo en un secuestro que lo que les pasó a las Madres de Plaza de Mayo, es una forma de negacionismo. Nosotros tendríamos que saber sobre negacionismo. ¿Qué significa negar el holocausto? Acá en la Argentina no se niega lo que ocurrió, lo que se hace es diluirlo. Entonces una persona va a la morgue por lo de Cromañón, está diez horas esperando y es lo mismo que Auschwitz.

Es una cosa terrible eso, esa es la agenda argentina. ¿De qué manera integrarse a esa agenda argentina sino discutiendo la agenda argentina? La agenda argentina no es solamente qué alternativas hay frente a la inseguridad, sino dónde se discute. Cuando el lugar en donde se discute es la plaza y el balcón, que se disputa a la vieja tradición argentina vinculada con la justicia social, con las luchas por las reivindicaciones populares, porque ese es el lugar al que está asociado la Plaza de Mayo. Cuando la derecha descubre que también puede utilizar esa plaza para fines que son fascistas, ¡fascistas! Poner en el centro de la escena la pena, la cárcel, se asocia con la crueldad y con el fascismo y en eso no hay vuelta de hoja. Entonces mi crítica no es, ni siquiera haber estado ahí, sino a algo que supera a cada individuo y que es un problema social más profundo, que es distinguir entre el tratamiento de lo espiritual, de la tragedia y el dolor, lo cual es totalmente legítimo, de la implicación política. Esto no se resuelve con comentarios instrumentales del tipo: "ése es el lugar donde hay que estar, ésa es la agenda que hay que asumir", porque no es así. Es decir, hay mucha más diversidad de posibilidades, uno no tiene que ir a la plaza cada vez, no hay dos plazas. Acá hubo uno de ustedes que gritó recién, con tono canchero: "andá con D´Elía". Como en la cancha de fútbol, estás con Boca o estás con River. No, no es ése el punto. Tampoco iría con D´Elía, por supuesto que no. Me pareció un error lo que hizo Pérez Esquivel y el comportamiento de D´Elía es un comportamiento que puede ser sometido a toda clase de críticas, por supuesto. ¿Cuál es el problema? ¿Por qué uno tiene que ser binario? ¿Por qué hay que adherir a una alternativa o a la otra? Esa es una crítica que voy a sostener. Es decir, justificar una política por su inevitabilidad. Tenemos una expresión que es *ein breirá*. No apliquemos eso a la agenda argentina, no es necesario.

Público – Le quería preguntar al rabino. Sergio: ¿a qué se debe la inmovilidad de los judíos como ciudadanos argentinos? ¿A qué que se debe la inmovilidad en que cayó la Embajada, que en ningún momento movilizó, ni convocó absolutamente a nadie, en un acto de fuerza, en una movilización? Es decir, donde tendríamos que haber sido 40.000 judíos y no 4.000 en la esquina de Suipacha y Arroyo.

Sergio Bergman – En principio, en este caso creo que no es que estamos confundidos, sino que estamos en desacuerdo y es bueno poder plantearlo. Yo en absoluto suprimo ni a Blumberg ni a su posición, ni a su propuesta ni a los personajes que se adhieren. Hay que tomar algún tipo de decisión y yo considero que entre el costo que tiene las implicancias de que me homologuen con otros interlocutores, por estar al lado o estar al lado y no ser lo mismo ni pensar igual, pero decir lo que uno tiene para decir, desde la instrucción cívica y del compromiso ciudadano. Desde mi punto de vista, quizás evaluándolo mal a los ojos de otras posiciones, o habiendo mejores alternativas, tomé una decisión, en este caso, a título personal, pero que representa el sentir de muchos, equivocado o no, de hacer llegar una visión, desde la perspectiva judía, sobre un tema universal que la mayor parte de la gente que fue porque quiere ir, no adhiere a la propuesta de Blumberg, ni a las denominaciones ideológicas de los que las representan. Sí adhieren a participar democráticamente y pacíficamente para que las cosas se modifiquen. Ahora si la gente que caminaba con lo pies, suscribía petitorios, o era el lanzamiento de la candidatura de Blumberg, o era un legislador, un juez, o un estadista, yo estoy de acuerdo con que tiene implicancias. Si uno lo pone en la justa proporción, no de lo que implica sino de lo que realmente es, lo de Blumberg no tiene otra entidad que representar un clamor. En este caso, vuelvo a decir lo que decía: ese clamor no es de izquierda ni de derecha, es ciudadano y es una preocupación legítima de cada uno de los argentinos. Lo que hay que hacer es descartar la extracción ideológica, lo que hay que hacer es descartar la propuesta, lo que hay que hacer es traer algo más ecuánime, más progresista, más moderado, más operativo y más eficiente. Eso es desde mi punto de vista todo lo que hay que hacer. Ahora bien, los judíos no nos movemos porque no estamos esclarecidos respecto a que los temas que se están tratando son nuestros temas. En ese sentido creo que ni siquiera estamos en desacuerdo, estamos totalmente confundidos. No creemos que sean nuestros temas. Cuando digo "nosotros los judíos", no significa todos los judíos, porque hay una gran cantidad de judíos que son argentinos que van activando en sus marcos naturales, intelectuales y profesionales. Pero no estamos esclarecidos en que esto es lo que tenemos que hacer: movilizarnos, tener muchos más espacios como este, donde decimos civilizadamente lo que no acordamos. No espantarnos de la conversación y no ver fantasmas donde no los tenemos y ser más maduros en una construcción de una riqueza judía que la tenemos pero que no la cultivamos.

Por último, todo lo que sucedió con el tema de Israel es una desinteligencia por no tener una comunidad. Como no tenemos una comunidad nos agrupamos circunstancialmente frente a eventos, pero no anticipamos absolutamente nada de lo que va a venir. Nada hubiera costado que todas esas convocatorias las haga la Embajada de Israel y todos pudiéramos adherir. Todo nos cuesta cuando lo hacemos nosotros, para expresar casi heroicamente o místicamente, que la comunidad judía en la Argentina está en cualquier circunstancia en cualquier conclusión con Israel. En ese punto quisimos ir más que el embajador. Quisimos hacer más de lo que Israel misma estaba dispuesta a hacer en términos de esclarecimiento, de difusión, de medios, de movilización. Ahora con total legitimidad el Estado de Israel maneja su política como entiende que es mejor para el Estado de Israel. El embajador tiene todo el derecho de exigirnos a nosotros adhesión y solidaridad, y nosotros tenemos todo el derecho, maduro, de decirle qué le podemos dar y qué no le podemos dar. Eso no es estar en contra de Israel, en absoluto. Al mismo tiempo, la situación de la agenda de lo que Israel tiene que promover, tiene que ir en concomitancia con los intereses convergentes de la diáspora y de la centralidad de Israel. ¿O Israel está pidiendo a todos los ciudadanos judíos americanos que resuelvan esto en la Quinta avenida en una manifestación? ¿No será más bien que lo resuelven con el *lobby* en el Senado? ¿O no lo resuelven, de alguna manera, porque hay una convergencia de intereses entre la política americana e israelí, donde Israel está, quizás, mucho más atrapada que liberada en defender sólo sus intereses y su soberanía? ¿Cuántas cosas hay complejas, difíciles y que se contradicen con nuestra sensación lineal de que lo que hacemos los judíos, Israel está siempre, en toda condición y circunstancia bien, porque somos nosotros judíos? Esa apología judía se terminó. La realidad es gris, los problemas son complejos, las cosas no son lineales y tenemos que madurar y tenemos que progresar hacia una Argentina y un Israel que dialoguen de otra manera y al mismo tiempo. No se puede sostener dobles discursos. De un discurso progresista aparente de reivindicación de los derechos humanos y transformar a los ciudadanos en clientes para oprimirlos a través de prebendas. No se puede hablar de que mejoramos económicamente y hacer la caja para comprar voluntades políticas. No se puede agarrar la Constitución Nacional y usarla para perpetuarse irreductiblemente en el poder. No se puede hablar de una dinastía familiar que tenga previsto diez años más de gobierno para todos nosotros, más allá de cualquiera de nuestras opiniones, porque se compran con dinero las voluntades. Eso en algún momento va a haber que empezar a conversarlo y es una conversación política y no partidaria. Partidaria, que cada uno se anote a donde quiera, pero la política es también de los ciudadanos, no solamente de los políticos y de los dirigentes. Y nosotros no estamos tomando una posición, en este caso, adulta. ¿Que es una posición adulta? ¿Revindicamos los derechos humanos? Perfecto, vayamos todos juntos a la Embajada de Venezuela. Como podemos permitir el mamarracho de que el presidente de la Nación se alinea con Chávez que salió de gira a Irán, a Siria y a todos esos lugares y lo recibimos acá como un héroe. ¿No será el modelo de Chávez el que se quiere importar a la Argentina?

¿O nosotros no tenemos absolutamente nada para decir de la reivindicación nostálgica de Fidel Castro? Porque si nosotros queremos los derechos humanos los tenemos que hacer valer para todo lugar y para todo régimen. ¿O únicamente para lo que tiene que ver con el pasado? En este caso yo no quiero ser mal interpretado respecto a lo que pasó, sino a lo que puede pasar y contesto a lo que dijo Alejandro, con lo que coincido perfectamente Cuando dijiste que no teníamos conciencia, Dios no lo permita, con nuestro pueblo y con ningún otro, pero algo como la *Shoah* se puede repetir. Vos decís: "nunca más". Es verdad, pero puede volver.

Hay quienes tienen la vocación de ir a buscar a otros y exterminarlos. Eso forma parte de la humanidad que no es humana, pero es con lo que nosotros convivimos. Tenemos que pensar que los temas que suponíamos que eran del pasado, no están tan pasados. Que el monstruo no murió, va mutando. Por lo tanto estemos todos atentos y defendámonos entre todos los ciudadanos y no hagamos de la comunidad judía y de los judíos una corporación. No somos ni un partido, ni una corporación, no somos un *ghetto*, somos individuos con diversidad que tenemos para contribuir con el bien común.

Alejandro Kaufman – La cuestión del "nunca más" y de si puede volver a ocurrir o no, aquello de lo que se trate en cada caso. En esa figura que se presenta en la discusión política entre quienes piden mayores castigos y mayores penas, y que ponen a la seguridad en el centro de la agenda. La dificultad que es hablar de un gobierno como éste, que tiene muchas de las características que vos decías, pero sin embargo, el desconocimiento hacia la política de derechos humanos que tiene este gobierno, la satisfacción de todas las reivindicaciones históricas de los movimientos de derechos humanos, la presencia de algunos como Zaffaroni, como Luis Eduardo Duhalde. Yo en general no me identifico políticamente sin reservas o críticas con una figura como la de este gobierno. Pero desconocer esas condiciones en la política de derechos humanos, desconocer algo que es mucho más grave, que es que en el espacio institucional se está haciendo algo por la cuestión jurídica y democrática de la seguridad, y que eso tiene que ver con este gobierno. Tiene que ver con Marcelo Saín, tiene que ver con Arslanian, tiene que ver con las políticas que se están haciendo en el plano jurídico, en el plano institucional, en este gobierno. Eso nunca había ocurrido en décadas de historia argentina. Entonces, hay un acoso de la derecha al progresismo, a la democracia, al modo en que se manifiesta ahora. Esta es una verdadera locura suicida en la que estamos sumergidos. Es suicida desconocer lo que está ocurriendo en este momento con los derechos humanos en el país. Poner en cuestión los logros que se han conseguido. La devolución de la ESMA, hay toda una cantidad de cuestiones que están siendo acosadas por el horror que viene del pasado y que también está situado en el presente.

Sergio Bergman – Todo eso corresponde si tuviéramos estadistas en lugar de administradores porque sería un atributo del Poder Ejecutivo, en lugar de confrontar, salir a decir lo que vos acabas de decir, diciendo: "señores, nosotros estamos haciendo todas estas cosas, estas son las cosas que hemos logrado y estas las que tenemos pendientes, por lo tanto usted señor que nos increpa con las cosas pendientes, lo ponemos en su lugar." ¿Qué pasa acá? Que el ego personal, de no habilitar ningún tipo de disenso fue de mayor escala que las reivindicaciones de la política de Estado.

Alejandro Kaufman – Hay una dictadura mediática en la Argentina: Eso no se hace porque hay una caución, un chantaje de los medios de comunicación. Yo hoy recordaba una imagen que ustedes deben haber visto. Entró un ladrón a un maxi-kiosco, recibió un disparo en la cabeza y quedó el cadáver tendido en la vereda toda ensangrentada y esa foto... Hay una campaña sistemática de medios que están en la Capital Federal, como Crónica o TN, transmitiendo las 24 horas para todo el país, imágenes de terror que ocurren en cada uno de los sitios de la ciudad. Recuerdo cuando fue la protesta contra la Legislatura, que eran cuatro metros cuadrados de gente que estaba rompiendo la puerta, que se transmitía a todo el país en forma permanente, con una sensación de caos. Hay una acción realmente dictatorial antidemocrática, terrorista de los medios que responden a intereses económicos concentrados. Porque cuando vos mencionabas antes lo de Kirchner con Blumberg en otro momento, fue una claudicación de Kirchner. Por el pánico que le tiene a los medios, a los que trata de apaciguar, porque no tenemos nada que se parezca a una democracia en ese sentido. Ese es el problema. Ahora, si hay algo que hay que evitar es tomar la plaza y el balcón como el lugar de la agenda. No hay que ir ahí, ése es el problema, porque vas ahí y entonces sos carne de cañón de

Crónica y de TN y te convertís en el judío de Blumberg, que es algo realmente terrible.

Sergio Bergman – Peor sería ser el "judío del gobierno de turno y mucho menos el rabino de la corte", pero estoy de acuerdo con vos que no es bueno que estemos en ninguna de estas polarizaciones y que llevemos la agenda a otro lugar que no sea la plaza.

176

www.ingramcontent.com/pod-product-compliance
Lightning Source LLC
Chambersburg PA
CBHW081719250726
48657CB00010B/3059